AGRADECIMENTOS

Quando se pretende escrever um livro que transforme a vida de pessoas e tenha significativo impacto no mundo, ele deixa de ser apenas fruto de projeto individual e passa a envolver uma equipe. Eu tive a oportunidade de trabalhar ao lado de pessoas incríveis, inteligentes e generosas, que viabilizaram esta obra.

Por isso, quero deixar meus agradecimentos a todos que de forma direta ou indireta contribuíram para tornar este livro realidade.

Agradeço primeiramente a Deus que me deu condição de realizar o grande sonho de deixar um legado por meio deste livro.

Um agradecimento carinhoso a minha mãe Elizabeth Carvalho por me apoiar, incentivar e contribuir dia a dia para que me tornasse quem sou hoje.

Agradeço também a minha querida vovó Angelina de Paula, que desde a infância me inspira a ser uma mulher guerreira.

À equipe do Instituto Deândhela; Thaynnara, Murilo e Cássia, que sempre estiveram presentes e entenderam minhas eventuais ausências, me apoiaram, têm sonhado comigo esse e tantos outros sonhos.

Agradeço ao Cledistonio Junior, presidente da AJE GO que não mediu esforços para viabilizar este projeto e tem sido excelente parceiro em grandes conquistas profissionais.

Minha gratidão eterna aos muitos amigos, mentores, colegas e alunos que contribuíram ao longo de anos para o desenvolvimento dos princípios abordados neste livro.

Ao escrever os agradecimentos, me emocionei bastante e uma querida amiga marcou presença em meus pensamentos: Daianne Norgann, que me ensinou o valor da amizade e gratidão. Ela que adora ler esta parte dos livros, agora poderá ler seu nome aqui como uma pequena demonstração de carinho por tudo que ela tem representado em minha vida.

Obrigada também ao meu brilhante consultor literário, Edilson Menezes, que lapidou toda a obra com maestria.

Meus agradecimentos especiais ao diretor de novos negócios da HSM, Denis Garcia, que com prontidão e toda expertise me ajudou a deixar o livro mais atrativo e moderno. Ele é um profissional admirável que sabe como é possível ser gigante com muita humildade e carisma.

Gratidão a minha querida coach de carreira e grande parceira Helena Ribeiro, CEO do Grupo EmpZ e conveniada da FGV Goiás por me inspirar com sua garra e espírito empreendedor.

Finalmente, sou profundamente grata ao Edílson Lopes, presidente da KLA, que me mostrou seria possível realizar este sonho e com tanta atenção e dedicação, se reuniu comigo para apresentar cada passo a ser seguido. Um profissional notável que já se tornou um grande amigo. Obrigada por acreditar em mim!

Obrigada a você que está prestes a embarcar nesta viagem. Que o tempo trabalhe para você em favor de seu futuro e em total harmonia com aqueles a quem ama!

ÍNDICE

Presidente:
Mauricio Sita

Capa:
Estúdio Mulata

Diagramação e projeto gráfico:
Cândido Ferreira Jr.

Revisão artística:
Edilson Menezes

Revisão:
Samuri José Prezzi

Gerente de Projetos:
Gleide Santos

Diretora de Operações:
Alessandra Ksenhuck

Diretora Executiva:
Julyana Rosa

Relacionamento com o cliente:
Claudia Pires

Impressão:
Rettec Artes Gráficas e Editora

Dados Internacionais de Catalogação na Publicação (CIP)
(Câmara Brasileira do Livro, SP, Brasil)

Deândhela, Tathiane
Faça o tempo trabalhar para você e alcance resultados estraordinários / Tathiane Deândhela. -- São Paulo : Editora Ser Mais, 2016.

ISBN 978-85-63178-94-7

1. Autoajuda - Técnicas 2. Negócios 3. Qualidade de vida no trabalho 4. Tempo - Administração I. Título.

16-00536 CDD-650.1

Índices para catálogo sistemático:

1. Administração do tempo 650.1
2. Tempo : Administração 650.1

Editora Ser Mais Ltda
Rua Antônio Augusto Covello, 472 – Vila Mariana – São Paulo, SP
CEP 01550-060
Fone/fax: (0**11) 2659-0968
site: www.editorasermais.com.br
e-mail: contato@revistasermais.com.br

PREFÁCIO

> *"O tempo pode me mudar.*
> *Mas eu não posso mudar o tempo."*
> David Bowie

O tempo é democrático. Um dia tem 24 horas tanto para um Presidente de um país, como para um para um morador de rua. É uma grande sabedoria saber usá-lo da melhor maneira possível, seja a seu favor ou da sua empresa.

Convido a todos a lerem o livro "Faça o tempo Trabalhar para Você!" para obter ensinamentos de como melhorar sua relação com o relógio e passar a ganhar tempo para tudo.

De leitura fácil e agradável, o livro possui passos didáticos que nos leva a aprendermos dicas de como gerenciar nosso tempo e atividades e escolhas para colocarmos nossas energias de forma a utilizar bem nosso tempo. É uma reflexão repleta de histórias e exemplos do nosso cotidiano.

Os exercícios e análises de como utilizamos nosso tempo propostos aqui nos levam a uma reflexão sobre hábitos que temos no dia a dia e como podemos nos tornar mais produtivos sem nos esquecermos da nossa qualidade de vida.

Grande parte das pessoas passa a maior parte do dia se dedicando ao trabalho. Por isso, amar o que fazemos nos ajuda a tornar o tempo produtivo e prazeroso.

Luiza Helena Trajano
Presidente do Conselho do Magazine Luiza

CAPÍTULO I

Como assumir o controle da vida para ter uma produtividade extraordinária

I

É uma imensa alegria estar aqui, **agora**, com vocês!

Esta saudação, que considero tão sincera e importante, é presenteada à audiência de minhas palestras e entendi que faria todo sentido repeti-la com você que se destinou a ler minha obra.

Há uma reflexão que talvez você já conheça e sempre será fundamental tê-la em nossas vidas.

> *Os homens perdem saúde para juntar dinheiro, depois perdem dinheiro para recuperar a saúde.*
> *E por pensarem ansiosamente no futuro, esquecem do presente de tal forma que acabam por não viver nem o presente nem o futuro. E vivem como se nunca fossem morrer. E morrem como se nunca tivessem vivido.*
>
> Dalai Lama

O pensamento nos leva a deduzir quão letais podem ser os efeitos da falta de equilíbrio na vida. Quantos de nós temos sonhos, estejam eles engavetados ou apresentados aos olhos do presente, que não se realizam porque sequer os colocamos no papel?

A vida vai passando, passando e um dia, nos vemos a fazer uma constatação.

Nossa, já se passaram tantos anos e ainda não realizei o que tanto desejava. Meus filhos já cresceram, já me graduei na formação acadêmica, mas continuo sem saber que sentido tem a vida.

Esta realidade tão comum acomete milhões de brasileiros. Muitas pessoas não vivem, não aproveitam com intensidade e plenitude o **dia de hoje**.

Temos o hábito de deixar o melhor para amanhã e até mesmo nas saudações costumamos transferir ao acaso nossa falta de visão para o momento presente.

— Amanhã tudo vai se resolver!

Quem nunca pensou assim, ao menos uma vez, atire a primeira pedra nesta autora que pretende levar até vocês um propósito de vida em equilíbrio: nem imediatista, tampouco procrastinador.

Antes de prosseguir, cabe uma reflexão rápida sobre o significado da expressão **gestão do tempo**. Você acredita mesmo que é possível exercer algum poder sobre o tempo? Como especialista da área, afirmo que não. O tempo em si é estático e determina exatas 24 horas para todas as pessoas, independentemente de raça, credo, altura ou classe social. E você pode se perguntar:

Para que então vou ler este livro?

Porque, embora não tenha poderes para dominar o tempo, você pode *gerir sua vida*, que é algo muito maior. O que irá aprender aqui é como gerenciar suas atividades, escolhas e energias para otimizar a utilização de seu tempo.

Em minhas aulas, tenho por hábito evidenciar que é mais produtivo usar a expressão *gestão do tempo* do que gestão da vida ou gestão de hábitos. Para garantir a clareza e a melhor comunicação autora/leitores nesta obra, o termo gestão do tempo, largamente utilizado em sociedade para retratar a possibilidade de *fazer o tempo trabalhar para você*, será também usado para facilitar o nosso entendimento.

Apresentarei uma proposta de ver a vida através dos olhos flexíveis que o tempo bem gerenciado proporciona. Contudo, sem abrir mão do compromisso e da responsabilidade, fatores que, valorizados em excesso, além da medida, tornam-se vilões no roubo do tempo disponível.

Hoje é a nossa realidade, porque ontem é remorso e amanhã sem agora é só mais um dia.

Há quem pense, de maneira equivocada, que a distinção entre quem produz bem e quem produz extraordinariamente bem é distante.

A alta performance, em diversos exemplos, não destoa tanto do segundo colocado, mas é suficiente para transformar a empresa, muitas vidas que dela dependem e até mesmo o segmento de atuação. Por exemplo:

Imagine uma pequena fábrica de chinelos artesanais que empregue 50 operários e produza um par de chinelos por minuto. Se cada colaborador (a) oferecer apenas 10% de aumento na performance produtiva individual, em seis meses esta empresa pode sair do status de pequena para média.

Certa vez assisti à entrevista de um atleta velocista. Ele disse que treinou um ano inteiro para reduzir um segundo em sua performance.

Você teria resiliência, pensando em sua qualidade de vida ou na performance produtiva, para treinar por um ano inteiro e melhorar **um dia**?

Se ficou em dúvida, imagine fazer o mesmo para melhorar apenas um segundo.

A disposição para pequenas melhorias na capacidade de entregar aquilo que você faz de melhor é o que transforma pessoas, empresas e famílias comuns em extraordinárias.

Agindo acima da média, um segundo nos torna vencedores. E, para isso, não precisamos ser velocistas. Afinal, cada segundo de sua vida é precioso, embora a tendência é que se valorize "cada dia". Quer outro exemplo?

As organizações que visam (e o fazem muito bem) ajudar aos que se perderam nas drogas, costumam usar a frase:

— Só por **hoje** eu não vou...

Elas adotam esta linguagem porque aos olhos de uma pessoa com problemas de dependência, um ano inteiro longe da química que lhe preenche a satisfação pode parecer insuperável, mas um dia cabe na medição neurológica do paciente. E eu pergunto, naturalmente sem desmerecer quão apoiadoras são estas organizações, como seria se utilizassem esta frase?

— Só por **agora** não vou...

Deixar um vício requer ações tão extraordinárias quanto fazer uma empresa crescer ou promover benefícios para a carreira. Portanto, a valorização aos minutos pode fazer mais diferença do que o crédito que damos às horas.

> ***Enquanto tem tempo, o ser humano tende a arrastar decisões. De hora em hora, ele vai ganhando dias, até que descobre, em dado momento, que não tem mais tempo, nem dia, muito menos horas, para realizar o que sempre quis na vida.***

No caso do atleta, um ano de treino para melhorar um segundo foi suficiente para que ganhasse a competição. Ficarei feliz se, logo no primeiro capítulo, você já descobriu que a sua vida não pode ser pautada apenas por meses, dias e horas, mas também por minutos e segundos, tão valiosos quanto o tempo extenso que quase todos utilizam para medir a existência.

Você comprou ou ganhou uma obra sobre gestão do tempo. Eu tenho uma proposta que pode ser ousada para os despreocupados com este tema. Entretanto, fará muito sentido para **você**, porque, se está pesquisando maneiras assertivas de gerenciar o tempo e fazê-lo trabalhar para você ao invés de ser refém do seu inevitável movimento, sua procura chega ao encontro da minha e caminharemos juntos por todo o livro com o mesmo propósito. Vou transmitir dicas que, aplicadas a rigor, lhe farão ganhar quatro horas ou mais por dia.

Você comprou ou ganhou uma obra e abriu as páginas para ganhar mais tempo na vida. De minha parte, prometo dar o melhor. Vou compilar nestas páginas tudo que acumulei em pesquisas, palestras, treinamentos, aulas, consultorias e atendimento a inúmeros clientes sobre o tema, estudo acadêmico e desejo real de ajudar as pessoas.

Agora que temos um bom acordo firmado, preciso que você também faça o seu melhor na prática, porque o desafio é aplicar as teorias que vou entregar neste legado literário. Para melhorar seu desempenho nesse sentido, sugiro que tenha em mãos um bloco de anotações e caneta ou recursos mais modernos de anotação.

A cada *insight* que vier em sua mente ou plano de ação que sentir o desejo de aplicar, anote imediatamente de modo que nada se perca pelo caminho. Ao final da leitura, terá o passo a passo para fazer acontecer em sua vida.

Pratica o que aprende quem deseja vencer, quem almeja estar acima da média e não se contenta com resultados abaixo da própria capacidade. Dois perfis de pessoas formam o convívio social e o ambiente empresarial.

Há quem saiba perfeitamente bem que tem mais para entregar na vida, no amor e na profissão, mas não se incomoda em viver desta forma. Há quem se incomode profundamente quando percebe que pode ir mais longe e não foi ainda por preguiça, procrastinação, medo, desânimo ou falta de tempo.

Você pode se encaixar no primeiro ou no segundo grupo desta citação. Para os dois casos, minha obra visa oferecer uma proposta focada em quebra de paradigma ou aperfeiçoamento do que já faz muito bem.

Vamos começar por uma lei que tomei a liberdade de criar para inspirar a melhor gestão do tempo que você pode assumir. Sugiro que a tenha gravada no coração porque é uma lei que pode mudar sua vida para melhor, desde que a siga.

Aprender a administrar o tempo é relativamente fácil. Difícil mesmo é saber o que será feito com o tempo ganho após a mudança de hábitos e comportamentos.

Lei Tathiane Deândhela

Até mesmo conhecer os aspectos biológicos de nossa natureza é uma prática perfeitamente útil para gerir o tempo. Pesquisando a aplicação da neurociência direcionada à gestão do tempo, descobri que oito copos diários de água são essenciais para o funcionamento cerebral, cuja composição tem 80% de água. Isso significa que criar, refletir, discernir e produzir são exercícios que requerem o elemento básico e essencial da vida humana: a água.

Eu não poderia me furtar à necessidade de deixar-te esta dica porque, enquanto você pensa o que e como vai mudar, é necessário que desenvolva ou, caso já o faça, que preste ainda mais atenção à saudável fluidez do corpo.

De volta à reflexão, em minhas palestras, treinamentos e consultorias, quando faço a pergunta sobre o que as pessoas farão com as quatro horas extras ganhas depois de uma reengenharia na aplicação do tempo, costumo escutar respostas interessantes e vou compartilhar com você algumas delas.

Estudar mais.

Dedicar mais tempo aos filhos.

Cuidar da saúde.

Resolver pendências.

Fazer uma atividade física.

Várias pessoas não dizem porque ficam encabuladas, mas pode acreditar que **dormir** é uma opção muito requisitada pelos recém-ganhadores de quatro horas adicionais diárias.

Há quem acorde às 5h com disposição para exercitar-se, mas vira para o outro lado e dorme.

Há quem reclame que não tem tanto tempo quanto gostaria para dormir e, quando finalmente sobra tempo, enfrenta noites e noites insones, sem perceber que a falta de sono pode ser um movimento de seu cérebro para alertar que algo em sua vida está errado ou em desacordo com seus valores.

Há quem não encontre tempo para o amor em família.

Há quem afirme que não melhora a performance no trabalho porque o pouco tempo que tem é dedicado a resolver problemas.

E, finalmente, há quem não consiga encontrar o grande amor de sua vida porque passa tempo demais a se criticar e não sobra tempo para se admirar.

Em todos estes casos, como autora, trabalharei com muita dedicação para esta obra ajudá-lo. Então, vamos logo ao segundo capítulo, porque até para ler é preciso gerenciar bem o tempo...

CAPÍTULO II

A reunião semanal entre você e você

II

Quantas pendências temos a resolver no dia a dia que aguardam uma solução? Algumas pessoas sequer conseguem dormir, porque o bom sono requer uma mente relaxada. Mas como conseguir isso se, quando encostam a cabeça no travesseiro, um turbilhão de pensamentos sobre o amanhã invade a mente e oprime o coração?

A liberação de quatro horas diárias na agenda, conforme prometi ser possível na vida de cada ser humano, comumente seria utilizada para dormir ou, no mínimo, uma fração delas seria dedicada ao sono.

E o que tem impedido você de dormir mais ou melhor?

Não seria justamente o excesso de cobrança, que a mente acumula o agente da insônia, que acomete enorme fatia da população brasileira de todas as classes?

— Ah, com estas quatro horas eu vou dormir mesmo. Tenho dormido somente quatro horas por noite — algumas pessoas poderão dizer.

Aquilo que você pensou e não admitiu sobre **o que fazer** com quatro horas extras na vida já serve como um íntimo *feedback* em formato de perguntas que talvez possa responder pensando em **ser mais feliz**.

Para ser mais feliz, o que eu preciso mudar em meu dia a dia?

Para ser mais feliz, o que eu preciso mudar ou acrescentar nos hábitos?

Para ser mais feliz, o que eu preciso deixar de fazer?

Você consegue investigar e identificar em sua vida qual é o momento certo de delegar pendências para outras pessoas e até, quem sabe, o instante de ***dizer não*** para necessidades improdutivas ou indesejáveis aos seus propósitos?

Será que precisamos mesmo assumir e absorver todo tipo de problema, como se fôssemos capazes de abraçar o mundo?

Será que não estamos atraindo mais problemas e pendências do que precisamos?

Será que temos mesmo conseguido estabelecer prioridades ou temos misturado no mesmo balaio os maiores sonhos com as menores tarefas e as necessidades de curto, médio e longo prazo?

Vou partilhar algo que merece reflexão sobre o desejo de ajudar pessoas e a necessidade de ajudar-se.

> ***Vejo pessoas que tentam ajudar o semelhante a resolver problemas profissionais, familiares, financeiros ou de qualquer espécie e nem percebem que, enquanto ajudam aos outros, sua vida vai acumulando pendências e o seu tempo vai minguando. Altruísmo é muito importante, mas, se não estivermos bem, não vamos conseguir cuidar de ninguém.***

Muitas pessoas me procuram para consultoria ou treinamentos na área de gestão do tempo. Em princípio, estão motivadas. Porém, sem perceber, foram envolvidas pela diferença entre a realidade e a fantasia que separam em tênue linha o desejo de vencer.

— Eu quero abraçar o mundo!

— Quero encontrar tempo para tornar-me um super homem ou uma super mulher no meu ramo a partir de agora.

Quando ouço estas afirmações, até costumo brincar com os interlocutores e os provoco.

— Nossa, se descobrir como, você me conta?

Eu não faço mágicas. Ninguém faz. Somos limitados, cheios de falhas características do DNA humano, que decerto não foi programado para acertar em tudo, senão o mundo seria um lugar entediante para se viver. Isso não quer dizer, entretanto, que está tudo perdido ou que precisamos errar sempre. Muito pelo contrário. Somos os únicos animais criados pela natureza com capacidade e potencial triplos.

1) Assumir o controle da própria vida;
2) Atuar como protagonistas da própria história;
3) Gerenciar um dos bens mais preciosos que recebemos gratuitamente: o tempo.

As demandas, atividades, cobranças e pressões surgem aos poucos e cada vez mais, exigem atenção e assim que reincidem sem solução, requisitam atenção redobrada.

Tentamos, às vezes em vão, atender e agradar a todos. O intuito ou instinto de agir como o melhor ser humano possível pode gerar o esquecimento de ***agradar-se***. Dia após dia, este esquecimento recorrente e até inevitável consome o inestimável tempo.

Juntos, a gestão do tempo e o *coaching* são facilitadores das respostas para entender e dar um significado que nos faça felizes diante destas reflexões:

Qual é o real propósito de nossa vida?

O encontro com esta resposta nos tira do piloto automático a que nos submetemos sem perceber que o relógio e o tempo podem ser escravizadores. Aliás, percebemos sim, uma vez por ano. Em cada confraternização natalina, prometemos que vamos aproveitar melhor o tempo para investir no real propósito de nossas vidas.

O que fazemos realmente de único e incomparável?

A constatação desta resposta se reflete diretamente na capacidade de sermos felizes porque existe algo, pessoal, profissional ou espiritual, que ninguém no planeta inteiro faz tão bem quanto nós e só descobriremos ***o que é*** quando sobrar tempo para pesquisar áreas ainda não exploradas em nossa vida.

Há uma frase de Mark Twain que gosto muito:

> *Os dois dias mais importantes da sua vida são o dia em que nasceu e o dia em que você descobre o porquê.*

Por que você está neste mundo?

Se colocássemos em fila indiana as pessoas que não sabem o motivo pelo qual estão neste mundo e o que este mesmo espera delas a título de missão, propósito, sonhos e objetivos, a fila poderia ser do tamanho do Brasil. Estas pessoas estão à deriva. Não planejam nada e cumprem o que aparecer. Atendem a todos que têm algo a pedir.

A gestão do tempo é intolerante com aqueles que não sabem o que é importante ou não conseguem estabelecer prioridades. Quem faz tudo não sabe o que é prioridade e quer abraçar o mundo.

O ser humano sem rumo, ainda que faça um treinamento completo, intensivo ou espaçado acerca da gestão do tempo, não vai encontrar quatro horas adicionais para investir na própria vida como achar melhor.

> ***O tempo parece que se recusa a sobrar para quem vai inutilizá-lo na ociosidade.***

Gestores eficazes do tempo marcham com uma rotina de disciplina porque nada nesta vida é fácil ou simples. Pessoas que tiveram êxito em todas as áreas, de modo consciente, assumiram o policiamento do tempo e encarregaram-se do papel principal que lhes cabia. Mesmo tentadas ao que é fácil, não aceitaram e se mantiveram firmes no propósito de alcançar sonhos.

Isso não é uma teoria romântica. Ao longo da obra, vou apresentar, no formato de dicas ou com a exemplificação dos cases de sucesso, as ações importantíssimas e, com elas, poderá *fazer o tempo trabalhar para você* do mesmo jeito que estas pessoas fizeram.

Abílio Diniz foi um dos sócios do maior conglomerado atuante nos setores varejo e atacado. Considerado referência no estilo de liderança e gestão, certa vez disse:

— *Todos os grandes administradores são mestres em gestão do tempo.*

E eu digo que devemos exercer a maestria ou estaremos fadados ao fracasso porque não há outra alternativa. Quantos executivos estão por aí cheios de atribuições corporativas, sociais, familiares, pessoais e ainda assim, dão conta do recado?

> ***Se a sua vida não tem tantos compromissos quanto a vida de um executivo responsável pela contratação e administração de milhares de pessoas, por que ele consegue gerenciar o próprio tempo e você não consegue?***

Certa vez, o dono de uma das maiores concessionárias de Goiânia me disse:

— Tathiane, você já parou para pensar que as pessoas mais ocupadas são as que entregam resultado e as que realmente fazem a coisa acontecer?

Imagine a seguinte situação:

Você pede algo para uma pessoa que está desocupada. Quando a escolheu, com certeza você pensou que o fato de ela estar ociosa garantiria um retorno mais rápido. Isso acontece nas empresas, nos negócios e em quaisquer situações da vida. O tempo vai passando e a tarefa, estimada em dois dias, ainda não foi entregue. Duas semanas depois, ao cobrá-la, não se assuste se a pessoa responder:

— Xi, esqueci!

Em circunstâncias semelhantes, você incumbe uma pessoa muito atarefada de realizar a mesma tarefa e, no prazo, recebe o serviço prestado com a excelência que te faz pensar:

Nossa, quem mais faria isso com tamanha excelência?

A pessoa que nos surpreende é mestra em gestão do tempo, anota e segue cada passo criado **por ela** e estabelecido como requisito rumo à excelência.

Agora que já fiz um pequeno suspense, vou te apresentar passos afirmativos, porque me recuso a permitir que os meus leitores sejam reféns do tempo.

Existe muita diferença entre eficácia e eficiência.

Eficiência — fazer tudo certo, sem necessariamente trazer resultados;

Eficácia — fazer o que é necessário para chegar ao resultado.

A principal dessemelhança entre ambos é sutil e se chama **equilíbrio**.

Você pode até achar que é um ditado antiquado, mas não pode negar sua funcionalidade no passado, no presente e para todo o sempre: a diferença entre o remédio e o veneno é a dosagem.

O excesso é prejudicial, mas o comedimento também nos priva de resultados além da média.

Você precisa fazer reunião consigo diversas vezes para descobrir os instantes certos de pisar fundo, manter a velocidade ou frear. Em auditórios repletos de participantes, tenho por hábito fazer uma pergunta.

— Levante a mão, por favor, você que costuma fazer reunião com você mesmo (a)!

Além de minha mão, outras poucas se levantam. E sabe por quê?

As pessoas pensam que fazem reunião com a equipe, com o chefe, com a família, com os condôminos e se perguntam, ainda que de maneira mecânica:

Por que eu faria reunião comigo?

Eu e Christian Barbosa, considerado um dos maiores especialistas da América Latina em gestão do tempo, temos um amigo em comum. Certa vez, este amigo estava em São Paulo e resolveu passar pelo escritório de Christian, por sinal uma figura muito organizada. Sua secretária disse:

— Desculpe, mas ele está em reunião.

O amigo não é uma pessoa indelicada, se você assim estiver pensando, já que apareceu sem marcar. Apenas estava com saudade e quis aproveitar a ocasião. Ele argumentou.

— Bem, eu não quero atrapalhar. É que aproveitei a passagem por São Paulo e lembrei-me de Christian ter comentado que não fazia reuniões neste dia da semana. Por isso decidi vir até aqui.

— Entendi. E com outras pessoas não costuma ter mesmo. Christian está em reunião com ele mesmo.

Nosso amigo em comum, desacostumado com esta possibilidade pouco convencional, rindo afetuosamente, disse para a secretária:

— Ah, então interrompa lá, por favor. Enfrentei este baita trânsito para vir até aqui. Tenho certeza que ele vai me conceder 10 minutinhos.

— Desculpe-me, mas sou proibida de interromper a reunião que ele faz consigo.

— E quanto tempo dura esta reunião dele com ele? – Perguntou, intrigado, nosso amigo para a secretária de Christian.

— 30 minutos.

Ele resolveu esperar e, meia hora depois, quando a secretária disse que já poderia entrar, agradeceu e irrompeu rumo ao abraço do amigo.

— Christian, quanto tempo! Que história é esta de reunião consigo mesmo?

— Meu amigo, nesta reunião eu defino várias estratégias para o meu negócio e para a minha vida. É quando vejo o meu propósito e sentido de vida. Em 2/4 de hora, tenho os melhores insights para aplicar ao dia a dia.

— Nossa, que legal! E reparei que você não permite que a sua secretária interrompa.

Christian arrematou com a lição maior que compartilho nesta obra:

— Meu amigo, se eu estivesse em reunião com um estadista ou com o *CEO* de alguma empresa, ninguém interromperia. Então, por que vou permitir que interrompam a reunião que tenho comigo? O que te faz pensar que eu me consideraria menos importante do que qualquer pessoa?

Nosso amigo em comum entendeu e ficou grato por aquele ensinamento. Em sua vida, nesta reunião que deve ser semanal e não pode ser interrompida, é preciso:

- *Meditar sobre o seu propósito de vida;*
- *Planejar a semana com foco no propósito;*
- *Estabelecer três metas para a semana e criar as respectivas tarefas que facilitem o alcance;*
- *Aferir o que tem dado certo e definir como reforçar estes acertos;*
- *Admitir o que tem dado errado e preparar-se para o desapego da atitude equivocada;*
- *Considerar opções adaptáveis para melhorar a vida pessoal, a carreira e a saúde.*

Sabe por que precisamos adotar tal estratégia?

Porque é assim...

É assim que empresas faturam milhões.

É assim que pessoas comuns se tornam célebres.

É assim que pessoas diferenciadas deixam de pensar nos problemas e, por persistência, passam a pensar em soluções produtivas e inovadoras.

É assim que empresas encontram caminhos para dificultar a vida dos concorrentes.

Você pode ter pensado que seria maravilhoso se tivesse tempo para esta reunião, porém não cabe em sua agenda. E a grande questão que surge agora é o que chamamos de círculo vicioso.

Começa o círculo. Quanto mais você decide fazer tudo, maior é o número de pessoas a jogar toda a carga sobre sua mesa porque elas já se acostumaram a isso. Considerar que tudo é de fato importante faz tudo parecer de inadiável relevância. Manter-se em total ocupação com 100% daquilo que surge faz com que nada saia como planejou. Sem dedicar um tempo para si, ninguém o fará. O turbilhão de coisas irrelevantes ocupa e invalida seu valioso tempo. Até que se dedique este mesmo tempo para produzir e inovar, nunca terá fim este círculo.

E, por fim, é com este desejo de encontrar uma nova análise de viver que vamos dar um pulo no terceiro capítulo sem perder tempo, algo que não podemos admitir nesta obra e muito menos em nossa vida. Aceita discutir e refletir sobre o valor do tempo em sua vida?

CAPÍTULO III

O valor do tempo

III

Enquanto escrevia esta obra, visitei Ohio em busca de mais aprendizado, algo que nunca pode faltar aos profissionais que trabalham formando opinião. Lá pude sentir no ar um preconceito dos professores em relação aos brasileiros no quesito pontualidade. Parece que verificam a nacionalidade dos alunos e ficam temerosos de que se atrasem.

Todo preconceito, e é claro que nenhum é positivo, nasce na formação de cultura. Isto é, se existe este receio entre os docentes americanos é porque já tiveram alunos com dificuldade para organizar o próprio tempo e cumprir horário.

Na abertura do evento, um dos professores foi taxativo.

— Amanhã começaremos pontualmente às 8h e lembramos a vocês que a expressão pontual para nós americanos é literal e inflexível. Estejam no auditório com cinco minutos de antecedência, porque começaremos **exatamente** às 8h.

Foram incisivos e estavam mandando um recado direto para nós, brasileiros que participávamos daquela frente de estudo. Nossa reputação, baseada no jeitinho brasileiro, rompeu a fronteira nacional e chegou à terra do Tio Sam.

Se esta obra despertar o Brasil para uma nova consciência sobre o respeito ao tempo, tanto próprio como alheio, terei cumprido meu legado como especialista em gestão do tempo, porque acredito que podemos ser melhores e também creio que a reputação de impontuais pode chegar ao fim.

As próximas gerações de brasileiros que sabem gerenciar o próprio tempo e respeitam o tempo alheio garantirão um país com maior credibilidade internacional.

Este desejo por país melhor norteia minhas aulas, palestras, consultorias e treinamento. Sempre costumo ensinar a importância que tem o valor do tempo.

Você já se perguntou quanto vale 10 minutos de sua vida?

Quanta coisa poderia fazer e produzir durante este tempo?

Na Fórmula 1, em equipes como a Ferrari, para exemplificar, o período de parada estratégica nos boxes constantemente representa a diferença entre vencer ou perder. A escuderia respeita o tempo com a seriedade que a competição exige. Agora, apenas imagine.

Digamos que você tivesse acordado agora de um coma que durou 20 anos e alguém estivesse atualizando tudo que vinha acontecendo pelo mundo. Vamos supor que a pessoa dissesse:

— Lembra do seu esporte favorito, a Fórmula 1? As escuderias evoluíram muito e hoje conseguem trocar os quatro pneus e abastecer o carro em 4 segundos. E esta é a média de troca. Já foram registradas, aqui ou ali, trocas ainda mais rápidas que esta.

Você acreditaria?

Até termos a certeza de que algo desta excelência em gestão do tempo foi feito, nosso cérebro tende a adotar uma postura cética.

Quando convido as pessoas à sensibilização e à consciência do valor do tempo, peço que considerem o que é possível fazer em 4 segundos. E no seu caso?

Nada lhe ocorreu? Então vou dar alguns exemplos. Em 4 segundos, apresento 10 ações que você é capaz de fazer:

1) Contemplar uma belíssima paisagem.
2) Sorrir para alguém.
3) Abraçar alguém.

4) Ter uma ideia transformadora.
5) Escrever num bilhetinho "eu te amo" para alguém.
6) Dar cinco ou seis passos em direção ao seu sonho.
7) Escapar de um acidente.
8) Saltar na piscina.
9) Abrir as páginas de um grande livro sobre gestão do tempo.
10) Decidir que será feliz no dia de hoje.

Ainda acha que em 4 segundos você não consegue fazer nada? Lembre-se do atleta que apresentei no capítulo 1, que trabalha um ano para diminuir um segundo no tempo.

Por que o atleta consegue encontrar o valor do tempo e você não conseguia?

Por que a escuderia encontra excelência em gestão, em valorização do tempo, e você não conseguia?

Observe o padrão de linguagem que utilizei com você, leitor. Não conseguia. Isso faz parte do passado, porque agora que dei 10 razões para você valorizar 4 segundos de sua vida, estou convicta de que a sua percepção foi ampliada.

Se eu chegar 15 ou 20 minutos atrasada em uma reunião, isso faz sim total diferença para todos os envolvidos com o compromisso e serei egoísta se pensar no jeitinho brasileiro.

Ah, eu dou uma boa desculpa e a pessoa nem vai notar o atraso.

Não é assim. As pessoas notam e na maior parte das ocasiões omitem o que pensam sobre este tempo em que a deixamos a esperar. Além disso, se você atrasa 20 minutos, para a pessoa pode ser 50 minutos.

— Eu me preparei para chegar com 30 minutos de antecedência, em respeito ao seu e ao meu tempo. Somando-se aos 20 que você atrasou, estou sentada aqui há 50 minutos.

É isso que a pessoa diria, se fosse muito franca. A maior parte vai se calar, para que a situação não seja constrangedora, e demonstrar a irritação através de ações. Por exemplo:

- ✓ Não te contrata para a vaga ou o serviço para o qual contava contigo;
- ✓ Não fecha com você a compra que pretendia fazer;
- ✓ Não indica você para ninguém ou, quando indica, ressalta suas qualidades e evidencia sua impontualidade.

Por cultura, temos a sensação de que o nosso atraso prejudicará a outra pessoa que espera e não percebemos que um prejuízo para a própria vida, sutil ou de grandes proporções, também foi gerado. Por exemplo:

- ✓ Quem chega antecipadamente, tem tempo para planejar sua participação;

- ✓ Quem chega antecipadamente, tem tempo para concentrar-se;
- ✓ Quem chega antecipadamente, tem tempo para sondar pontos negativos do ambiente e corrigir o que for possível;
- ✓ Quem chega antecipadamente, tem tempo para assumir o poder de barganha;
- ✓ Quem chega antecipadamente, tem tempo para usar o máximo da estratégia e da excelência.

Mas, é claro, como sempre afirmo em consultorias, respeitar o ponteiro do relógio é insuficiente. A **cultura** de gestão do tempo deve ser instaurada para que não seja uma ação praticada hoje e negligenciada amanhã. Da noite para o dia não existe milagre. As empresas precisam valorizar e conceder algum tempo para gerar a cultura de gestão deste mesmo tempo.

As pessoas precisam dedicar tempo à cultura de respeitar e valorizar o próprio tempo.

> ***A solução não é "dar tempo ao tempo", porque esta crença certamente foi inventada por quem não queria fazer esforços e apontava a falta de tempo como responsável por seu insucesso. É dar-se um tempo calculado e administrado para aprender a gerenciar o tempo por toda a vida.***

Uma reengenharia na cultura de gestão do tempo de fato muda a empresa, a faz crescer com segurança e gera a probabilidade de destacar-se dos concorrentes, que em linhas gerais não valorizam o tempo.

Você é empresário e percebe que as pessoas não sabem valorizar o tempo? Saiba que você precisa de uma consultoria que possa levar até um ano para recolocar as coisas no devido lugar e tornar felizes os colaboradores. Afinal, as pessoas se sentem mais úteis ao perceberem que cada minuto de sua presença na empresa é valorizado e que os próprios esforços têm ajudado na prosperidade e no equilíbrio da empresa ou da organização.

Temos incontáveis empresários que estão usando um modelo de gestão do tempo arcaico. Não é suficiente implantar o melhor programa produtivo no ciclo fabril. Esta é somente mais uma etapa.

> ***Educar as máquinas para que valorizem cada segundo produtivo é só uma questão de ajuste e aperto de botões. Educar as pessoas para a mesma finalidade é uma tarefa de natureza educacional e cultural.***

Então, qual é a melhor ação que os empresários podem assumir para o êxito da empresa no quesito gestão do tempo?

Terceirizar. Delegar. Transferir a gestão do tempo para uma consultoria séria, porque, ao agir com esta estratégia, vai ser possível que estes empresários assumam o que fazem de melhor e a razão é muito óbvia. Deixarão de investir tempo para fazer algo que não sabem – ensinar pessoas a gerenciar tempo – e sobrará o principal elemento que uma empresa necessita para crescer, ter novas ideias, obter solidez e credibilidade: tempo.

Se os consultores experientes no tema às vezes precisam de um ano inteiro para implantar a cultura de gestão do tempo no ambiente corporativo, imagine em uma nação. Pode levar anos e isso nos obriga a começar imediatamente. Eu, você, os nossos filhos, as pessoas que mais amamos nesta vida, os amigos de trabalho, os vizinhos, enfim, todos merecemos e devemos encarar uma nova vida baseada na gestão do tempo.

Um campeonato de futebol se decide na prorrogação ou nas penalidades.

Um bom negócio nasce de uma boa ideia que precisa de tempo para ser colocada em prática, mas esta ideia não pode ser refém deste mesmo tempo que pode engavetá-la.

A pessoa tem uma ideia brilhante, não faz nada para colocá-la em prática e, tempos depois, constata na imprensa que alguém foi premiado porque criou exatamente aquilo que ela havia pensado.

Quantas vezes não terão acontecido isso no Brasil e no mundo?

— *Não acredito. Eu tive esta ideia e o cara ficou rico com ela. Parece que leu meus pensamentos!*

É o máximo que a pessoa poderá dizer, já que permitiu ao tempo que sequestrasse seu processo de criar. Ideias todos têm. Aplicar e executar é para poucos e, na maior parte das ocasiões, as pessoas não executam e supõem tratar-se da **falta de tempo**, sem saber que a **desorganização do tempo** é o verdadeiro motivo.

> ***O tempo existe e é idêntico para todos, mas fazer o tempo trabalhar é para poucos. O tempo hábil torna qualquer profissional e qualquer empresa mais competitivos.***

Após ler este livro, por favor, passe-o adiante. Empreste-o para alguém especial. Compre um exemplar e o presenteie. Compartilhe os pontos que você considerou mais estratégicos e, por favor, pense em algo.

Não retenha conhecimento. Com o advento tecnológico, nunca na história da humanidade partilhamos tanta informação com tamanha rapidez. Faça sua parte. Hoje, eu que já trabalho com o tema e você que está tomando a decisão de gerenciar a própria vida, ainda somos poucos. Mas amanhã seremos maioria, pois, quanto mais pessoas colocarem em prática esses ensinamentos, melhor será a nossa obtenção de tempo livre e seremos todos produtivos.

Quanto mais ajudamos o próximo, maiores serão os ganhos individuais. Estou fazendo minha parte e compartilho a **expertise**. Ajude-me a levar as mensagens desta obra para o maior número possível de pessoas e, pode acreditar, você tem tempo de sobra para ajudar as pessoas no desafiante processo de gerenciar o próprio tempo e fazê-lo trabalhar em favor dos sonhos.

Vamos ao capítulo IV. Não com atraso, tampouco de maneira adiantada. Estou administrando meu tempo para que cada palavra da obra seja entregue a você no **tempo certo**.

CAPÍTULO IV

A sobrevivência empresarial e o tempo

IV

Você é do tipo que pensa em problemas ou soluções?

Você é a típica pessoa que procura uma estratégia para superar a adversidade ou faz parte daquele time que sofre remoendo cada instante do problema como se fosse imensamente agradável?

Na relação entre tempo e negócios, em determinada atividade seu concorrente talvez seja melhor que você, o que te obriga a escolher entre duas possibilidades.

1) Administrar o seu tempo para lidar com o problema pontual e imediatamente, matando-o pela raiz assim que se apresenta;

2) Ignorar a passagem do tempo, esperar, como se dizia antigamente, *que tudo se resolva com o tempo* e, dia após dia, por optar deste modo, você vai facilitar muito a vida do concorrente, porque tudo que ele precisa para crescer e dominar o mercado é o seu comportamento procrastinador e a sua desatenção.

A concorrência entre gigantes multinacionais que envolvem bilhões ou entre pequenas empresas do varejo nacional se aproximaram tanto em similaridade de produtos e serviços que sobrou apenas um elemento decisivo: gerir o tempo para administrar, criar, empreender, ousar e, principalmente, estudar as ações do concorrente.

As empresas que estiverem desatentas para esta questão, hoje, amanhã ou no próximo ano, não estarão mais aqui para contar história.

— *Ah, mas é impossível, na correria do dia a dia, em função do assédio da concorrência, administrar o tempo da empresa como você está sugerindo.*

Assim dirão aqueles que em toda sua vida nunca se atentaram para o quesito tempo, sempre fizeram negócios "na correria" e se gabam da habilidade de correr para entregar o que fabricam ou vendem. Vou recorrer ao pensamento eternamente vivo de um grande poeta, escritor e educador, vencedor do prêmio Pulitzer em 1954 e destaque da Universidade de Michigan.

> *O que precisamos é de mais pessoas especializadas no impossível.*
>
> Theodore Roethke

Na qualidade de empresário, desobrigue-se da necessidade de ser especialista no impossível. Você quiçá tenha especialização para aquilo que produz e é um direito seu ter alguma limitação para buscar o que considera impossível, tais como gerir, ganhar mais estratégia, poder de negociação, aumentar os lucros e dominar o seu mercado. Se este for o caso, *terceirize o impossível, faça os colaboradores buscarem para você.*

Não invista anos tentando ser alguém que cujo dom não se encaixa em sua identidade. É muito mais fácil, econômico e rápido contratar uma consultoria especializada em gestão do tempo, como a nossa, do que ver-se a perder tempo enquanto seu concorrente aumenta cada vez mais o seu *market share*, especialmente porque lida melhor com a administração de meses, dias, horas e minutos.

— Ah, autora, mas então você está aproveitando para fazer propaganda de sua maior *expertise*.

Poderão, quem sabe, pensar deste jeito aqueles que ainda não entenderam o recado principal desta obra. Como ainda ***temos tempo***, vou explicar.

Não resta dúvida de que a nossa consultoria pode sim ajudar a sua empresa ou negócio empreendedor a encontrar e administrar o valioso tempo que a sua pessoa física e jurídica merece ter, mas não se trata somente de divulgação do nosso trabalho. O que estou oferecendo é um **plano de sobrevivência**. Inclusive, vou apresentar outras cinco opções que as empresas podem adotar, para que você não se sinta obrigado a nos contratar.

1) Seu concorrente dificilmente usa a gestão do tempo como pré-requisito de contratação. Contrate quem já tenha participado de alguma formação acadêmica ou treinamento com foco em administração do tempo e remunere-os melhor, porque o investimento é compensador;
2) Use o aprendizado desta obra para inserir a cultura de gerir o tempo na empresa. Porém, não tente fazer goela abaixo, porque uma pessoa, por exemplo, de 30 ou 40 anos, que nunca lidou com o tema, só se propõe a aceitar ao perceber benefícios. Apresente a qualidade de vida, o maior de todos os benefícios da gestão do tempo, como recurso para reeducar colaboradores;
3) Crie na empresa um programa de premiação em grupo para projetos desenvolvidos que visem proporcionar mais e melhor tempo útil;
4) Treine seus líderes. Não para que sejam escravos do relógio, mas para que encontrem nele uma ferramenta amiga. De 2016 em diante, ano de lançamento da primeira edição deste

livro, não haverá mais oportunidade no mercado para líderes que lidam pessimamente com a administração do tempo, porque ele não perde só o próprio tempo. Líderes despreparados dissipam o próprio tempo, o da empresa, de sua equipe e, pior ainda, estão sempre atrás, não conseguem acompanhar o tempo de ação e movimentação dos concorrentes;

5) Capacite a área de recursos humanos. O termômetro para aferir se a sua empresa está caminhando bem é o RH. Digamos que você escute os componentes deste setor a afirmar que *estão sem tempo, atarefados demais, com tantas contratações e demissões a fazer, que a vida está uma loucura* e outras expressões semelhantes. Tome cuidado! A empresa provavelmente já entrou no olho do furacão que o *turnover* representa. Este setor deve ser organizado, estratégico e não adianta usar jeitinho brasileiro. Contratar familiares sem formação na área para seleção e recrutamento é retrocesso, porque eles não saberão identificar profissionais de elite. Lembre-se da sabedoria de Roethke e contrate profissionais especializados em realizar o impossível.

Estes seres especiais, que transformam impossível em possível, têm a característica comum de planejar duas prioridades por dia. Vou apresentar um exercício para desenvolver o potencial de gestão do tempo que sua vida merece. Os empresários de sucesso e os grandes gestores de tempo exercitam esta aptidão e você também terá sua chance.

Todos os dias, pela manhã, você vai se perguntar:

Se tudo que planejei para hoje der errado, quais são as duas tarefas cruciais que eu preciso entregar para sentir que o dia foi válido?

Definidas ambas as tarefas imprescindíveis, é preciso começar por elas e terá garantido **o mínimo**.

Há outro segredo, uma nova busca a ser feita ao término do dia, inspirada pela psicologia positiva. Você vai se fazer outras duas perguntas, uma delas em formato de *feedback*. Não fuja da resposta e nem seja evasivo. Lembre-se que vai responder para ***você***, então não se permita enganar.

O que eu posso fazer de diferente para mudar e melhorar amanhã?

O que valeu a pena no dia de hoje?

— O dia de hoje foi horrível. O pneu furou. O trânsito estava infernal. Cheguei atrasado. Tomei bronca do chefe e nada poderia ter sido pior.

Se este for o seu feedback, insista e responda:

— Ok, mas, ainda assim, o que valeu a pena no dia de hoje?

> ***Encontrar o aprendizado diário faz a diferença entre um dia de 24 horas bem vivenciado como se merece ou ignorado em piloto automático como a maioria faz, embora ninguém mereça.***

A psicologia positiva confirmou que as pessoas mais otimistas são 31% mais produtivas. Esta linha de investigação a respeito do que houve de positivo em seu dia vai gerar o ânimo necessário para o dia seguinte começar bem. E próximo dia. E o próximo. Um dia de cada vez até que se eduque para valorizar o artigo mais precioso da vida, o tempo.

Entregue suas tarefas com excelência, pontualidade e, ao mesmo tempo, mantendo a qualidade de vida que todos nós merecemos. Isso é factível e não depende do relógio, mas daquilo que somos capazes de fazer para administrar a corrida dos ponteiros danados que jamais param.

Apresentei este desafio e agora é minha responsabilidade mostrar como conseguir.

Você tem tempo para ir comigo até o próximo capítulo e pesquisar a importância das coisas em sua vida?

Tenho certeza que sim, porque já te entreguei chances de reanalisar e reorganizar a vida nestes primeiros 40 mil caracteres que você leu, que estão, com certeza, mexendo com o seu interior.

Vamos em frente em respeito ao nosso tempo precioso.

CAPÍTULO V

O que é importante

V

O que é importante e o que é circunstancial?

Imagine duas necessidades da mesma empresa que devem ser decididas pelo mesmo profissional:

Necessidade 1) montar uma proposta muito bem redigida, estruturada e persuasiva para dar andamento à fusão com outra empresa pretendida;

Necessidade 2) aprovar a compra de um novo armário para o setor.

A dificuldade de classificar assuntos e tarefas faz os colaboradores de uma empresa tratarem estas duas necessidades como igualmente importantes. E se você pensou que a compra de um armário é tão relevante quanto a fusão entre duas empresas, sugiro que treine a capacidade de identificar importância. *Tudo* rotulado na categoria *importante* faz com que os colaboradores não consigam mais gerenciar o tempo e passem a dar a mesma atenção para tarefas operacionais, comerciais e logísticas.

A empresa começa a acumular gargalos em setores que até ali sempre tinham sido produtivos e, até que se descubra a origem do déficit na capacidade de gerenciar o tempo e a atenção dedicados às tarefas, o prejuízo pode ser volumoso, de efeitos catastróficos e com chances até de quebrar a empresa.

Vou retratar quatro perguntas e reflexões com foco em diferenciar temas circunstanciais de temas importantes. Preste atenção. Desta resposta depende o sucesso de sua empresa, seu negócio ou sua equipe.

I. Que resultado isso trará para o meu negócio?

Sua resposta:

____

____

____

____

____

____

Reflita sobre esta pergunta...

Se há dúvidas sobre trazer ou não resultados ao seu negócio, é saudável pensar se compensa ser feito.

Cabe ressaltar que a expressão ***resultados*** não pode traduzir-se apenas em questões financeiras. Pode ser também algo vinculado à meta que você traçou ou ao propósito de vida. Esta atividade precisa ser útil e te levar do estado presente até o estado almejado. Por exemplo, deixar a contribuição para o mundo talvez seja o seu propósito maior, como estou fazendo ao escrever este livro para você. E pode ser outro, mas deve ser identificado. Gestão do tempo não é tornar-se egoísta. Devemos mesmo fazer pelos semelhantes sem esperar nada em troca, porém é preciso ter cuidado para não deixar de fazer as suas coisas e fazer as dos outros.

Enquanto escrevo o livro que está em suas mãos, não deixei de cumprir os demais compromissos da agenda lotada. Em minha declaração de missão, potencializar o talento das pessoas é um dos destaques, mas nem por isso posso ignorar as outras metas. Isso é fazer o tempo trabalhar para você e para os semelhantes.

Quem deixa de fazer o que é importante para si e passa a fazer somente pelos outros, vai acabar se cobrando e sofrendo pelo que não conseguiu fazer.

Esta talvez seja uma realidade mais próxima de você do que parece. Confira neste pequeno teste.

Pense em seu trabalho. Agora, pense nas pessoas que costumam ficar até depois do expediente, incluindo você, se este for o caso.

E agora responda. Inclua-se, se fizer sentido.

Será que estas pessoas têm ficado até mais tarde por conta das tarefas delas ou estão assumindo tarefas alheias e, com isso, têm atrasado o trabalho e comprometido a própria performance de excelência?

Se a sua resposta lhe causou surpresa, não se preocupe. Enquanto lê este livro, seu cérebro está se reeducando para novos comportamentos e tudo vai se ajeitar.

Vou dar um exemplo, em favor da coerência.

Em nossa equipe de vendas, tínhamos um vendedor fantástico. Todos o adoravam. Ele fazia tudo que pediam. O excesso de companheirismo o prejudicou. O vendedor ajudava todos a venderem e, quando íamos pesquisar seus números, estavam abaixo da meta e muito abaixo de sua capacidade comercial. Infelizmente, precisamos desligá-lo da equipe.

> ***Faça o melhor possível, planeje-se para cumprir tudo com a máxima rapidez e vai sobrar tempo para contribuir com o mundo.***

Esta é a verdadeira excelência combinada com altruísmo.

II. Compensa investir tempo nessas atividades e abdicar das outras?

Sua resposta:

____

____

____

____

____

____

Reflita sobre esta pergunta...

Controle é a chave que gira esta pergunta. Liste no papel, aplicativo ou arquivo digital (o que melhor funcionar para você) todas as atividades a cumprir. Isso vai abrir espaço no cérebro e esvaziar a mente, um dos maiores segredos da gestão do tempo, porque mente ocupada tem dificuldade de pensar.

Você já ficou com o celular travado em função do acúmulo de arquivos, fotos, vídeos e materiais baixados? Assim é o nosso cérebro. Quando está muito cheio, a capacidade de armazenamento vai se esgotando. Não há espaço na memória para criar.

Ao transferir para o papel, a sensação é de que ficamos livres, tiramos o fardo da cabeça e o transcrevemos. Isso fará com que possa, para exemplificar, colocar a cabeça sobre o travesseiro e dormir sem pensar nos problemas, pois já estão devidamente anotados no papel e serão resolvidos. Permitirá que dirija para o trabalho com prazer, sem pirar com o trânsito. Permitirá que tome um banho de paz e relaxamento porque muitos nem isso conseguem. Às vezes corpo está sob o chuveiro, mas o cérebro já foi para a empresa e, antes mesmo que o corpo se sentasse à mesa para o trabalho, o estresse tomou conta de tudo.

Eu não vou afirmar que este descontrole na gestão do tempo é a causa de estresse, depressão e insônia. Mesmo assim, posso garantir que contribuem muito. Há casos em que a pessoa tem tanto problema pendente na cabeça que acaba transferindo para aqueles a quem ama. Por exemplo:

— Maria, pelo amor de Deus, não me deixe esquecer que amanhã cedinho preciso enviar o relatório para a diretoria.

Isso não é vida familiar, é continuação do trabalho e o exemplificado ainda transformou a esposa em secretária. Para piorar, talvez esta situação acabe em discussão na noite seguinte, porque a mente de Maria também está ocupada com outros afazeres.

— Maria, eu dei **uma tarefa** para me ajudar e me lembrar, mas você não fez isso. Tomei uma baita bronca porque me esqueci de enviar o relatório.

Esvazie a mente, transfira o catado de tarefas para o papel e ganhe qualidade de vida.

III. Esta atividade me levará ao propósito pessoal x ao objetivo do negócio?

Sua resposta:

____

____

____

____

____

____

Reflita sobre esta pergunta...

Qualquer incerteza sobre esta resposta merece ponderação. Talvez esta atividade possa ser delegada e para fazer isso é preciso desapegar-se, porque já ouvi muita gente que se apaixona pelas atividades que executa há anos.

— Vou dar meu jeito. Sempre dei. Não adianta transferir para que outros da equipe façam. Só eu dou conta disso.

Quantas vezes você já ouviu isso em sua vida profissional? Eu perdi as contas.

Os propósitos de vida e os objetivos de qualquer natureza não têm conotação operacional. São estratégicos e exigem esforços bem planejados. A maior falta deste quesito não pode ser cometida. Sabe qual é?

Afirmar a frase que levou tantas pessoas no planeta inteiro ao fracasso:

— Eu não tenho tempo.

IV. Quanto tempo tenho direcionado para negócios que geram lucro?

Sua resposta:

____

____

____

____

____

____

Reflita sobre esta pergunta...

Não cometa a insanidade profissional de lançar esforços ou investir tempo em negócios que deixam sua empresa doente. Resista ao modismo setorial. Se o seu concorrente está fazendo algo temerário e você intui que é um grande erro, ouça e respeite seus instintos.

O tempo e o lucro são duas questões que arrancam os cabelos dos empresários e vou explicar o motivo.

Quando se tem tempo para criar estratégias que dão lucro, muita gente se sabota e inventa outras tarefas para que não seja preciso lidar com o novo.

Quando não se tem tempo, mas se deseja lucro, acontece o que mais vemos nas estratégias corporativas e comerciais de marketing: dá-se desconto.

Quando se tem lucro, às vezes falta tempo para administrá-lo da melhor maneira, o que faz muitas empresas perderem dinheiro, energia e colaboradores.

Eu externei reflexões para reforçar e guiar vocês. Cada ser humano, por sua qualidade singular, tem uma maneira diferente de olhar para a vida pessoal e profissional. A sua resposta para estas quatro perguntas vai demonstrar que algumas tarefas podem ser até negadas, não precisam ser feitas ou são redundantes, frutos de retrabalho.

No próximo capítulo, vamos distinguir juntos como funciona em nossa vida a linha do tempo. Depois de tudo que já apresentei, estou certa que você está se transformando na competência de gestão do tempo.

Não se apresse. Você neste momento é como uma borboleta saindo do casulo. Até o final da obra, terá a chance de fazer o primeiro voo panorâmico por sua nova vida, na qual não é mais refém do tempo. Nesta nova vida, o tempo trabalhará para você, que terá muito orgulho disso. É hora de falar do seu futuro.

CAPÍTULO VI

Aos 70 anos, o que as pessoas lhe dirão?

VI

No mundo inteiro, pouquíssimas pessoas definiram o que desejam escutar daqueles a quem amam quando alcançarem a experiência. Neste capítulo, você terá a chance de descobrir o que pode nortear o seu futuro.

Nos eventos que realizo sobre gestão do tempo, costumo usar uma atividade para que os participantes pensem sobre a linha do tempo. Dois voluntários sobem ao palco e desenrolam uma espécie de pergaminho bem longo. Sugiro à plateia que este pergaminho simboliza nossa linha do tempo e vai do número 1 ao 100.

Juntos, fazemos um exercício de estimativa. Peço que as pessoas olhem para os lados e informem, em coro, uma média da faixa etária que a audiência tem. O número 35, por exemplo, costuma reverberar com maior frequência nas respostas.

Eu aponto no *pergaminho de 100 anos* onde está a idade de 35 anos e ofereço a primeira consideração.

O que vivemos até a idade de hoje foi de grande valia para o acúmulo de experiência, aprendizado e boas lembranças. Porém, passou. Não temos como voltar e fazer diferente. Não temos mais controle sobre o que se foi. Precisamos focar no que acontece hoje, porque sobre o presente é possível ter e assumir o controle.

Cabe lembrar que em média, durante 1/3 de nossa existência, estamos dormindo.

Em seguida, ofereço outra ponderação em forma de pergunta.

Quanto tempo de nossa vida utilizamos para atividades das quais não podemos abrir mão, embora sejam simples e pouco acrescentem à evolução, tais como tomar banho, escovar os dentes, pentear os cabelos, escolher a roupa que será usada, tirar e colocar o carro na garagem, arrumar o quarto, organizar a mesa de trabalho, alimentar-se ou simplesmente tomar água?

Embora eu tenha listado algumas, as atividades simples são incontáveis segundo a rotina de cada pessoa. O investimento de até mesmo quatro horas por dia em pequenas atividades banais pode ser um número bem próximo da realidade e resultará na seguinte conta:

365 dias por ano x 24 horas diárias = 8760 horas que vivemos a cada ano

4 horas investidas em atividades simples x 30 dias por mês = 120 horas por mês

120 mensais x 12 meses ao ano = 1440 horas por ano investidas em atividades simples

1440 horas investidas por ano em atividades simples / 24 horas diárias = 60 dias ou 2 meses

2 meses por ano investidos em atividades simples x 30 anos = 60 meses

Resultado:

Na linha do tempo de 100 anos que ilustro, é possível concluir que a cada 30 anos do tempo vivido, dedicamos 5 deles para atividades simples. A esta soma, se utilizarmos 1/3 da vida para dormir, investiremos aproximadamente mais 33 anos em olhos fechados para o mundo e abertos para os sonhos.

Será por isso que as pessoas dizem ter muitos sonhos e quase sempre afirmam não haver tempo para realizá-los?

Em outro pensamento, para uma vida de 100 anos, no mínimo 38 serão utilizados em atividades simples e cotidianas. Significa que o hipotético saldo de 62 anos **deve ser muito bem aproveitado**, razão que justifica fazer o tempo trabalhar para você, até porque, convenhamos, nossa expectativa de vida não é de 100 anos.

Não precisa entrar em depressão ao constatar quanto tempo de vida ainda lhe resta. O propósito desta obra não é alarmar e sim contribuir para gerenciar o tempo em busca de propósitos extraordinários e executáveis para o tempo de vida que cada um de nós terá.

Quer desperdiçar algo em sua vida? Que seja a amargura, o tédio, a procrastinação, o rancor ou o ódio. Evite, dia e noite, a maior de todas as violações que um ser humano pratica contra si: não desperdice tempo.

> ***Você vai encontrar remédio para todos os males que afligirem o seu corpo e nunca verá nas prateleiras algum medicamento que possibilite resgatar o tempo perdido, o que faz deste um malefício incurável.***

Chegou, então, o instante no qual o seu futuro será definido e o legado construído.

Quando chegar o meu aniversário de 70 anos, o que fiz terá sido suficiente para que a família tenha orgulho, me homenageie e celebre a data? Ou terei desperdiçado tanto tempo que não sobrarão dias, meses e anos para realizar algo transformador, do qual as pessoas se orgulhariam de mim por muito **tempo**?

Vou ajudá-lo a construir um propósito. Desde que tenha a disposição de responder cada etapa, você terá a própria declaração de missão para chegar aos 70 com plenitude emocional.

Minha sugestão:

Após concluir o exercício, dê a anotação para alguém de confiança e peça que esta pessoa devolva a declaração em seu aniversário de 70 anos. O fato de saber que suas anotações estão guardadas por alguém que você ama vai gerar um compromisso inconsciente para que de fato alcance seu propósito.

1) Quem são os maiores exemplos que inspiram os seus passos como ser humano? A resposta precisa fazer sentido ***para você***. Tanto faz se for uma pessoa pública ou alguém da família. Digamos que, em outra hipótese, você não consiga pensar em ninguém, figura pública ou alguém nobre de sua família, que te inspire. Se este for o caso, imagine como seria a pessoa por quem teria imensa admiração e quais as três habilidades que a sua imaginação sugere como essenciais que ela deveria ter;

   Exemplo:

   1) Minha mãe

2) meu líder na empresa
3) Martin Luther King

Exemplo I) ______________________________
Exemplo II) _____________________________
Exemplo III) ____________________________

2) Anote as três habilidades que **cada uma** destas pessoas consideradas referências para você possuem;

Habilidades da referência 1)
Exemplo: capacidade de decisão,
amor ao próximo e honestidade

Habilidades da referência I)__________________
____
Habilidades da referência II)_________________
____
Habilidades da referência III)________________
____

3) Enumere as **suas** três habilidades que já possui ou das quais precisa. E estas podem ser parecidas com as habilidades de suas referências maiores, para chegar aos 70 anos com um legado construído.

Exemplo:
Habilidade pessoal 1) *cautela*
Habilidade pessoal 2) *organização*
Habilidade pessoal 3) *liderança*

Habilidade pessoal I)______________________________
____
Habilidade pessoal II)_____________________________
____
Habilidade pessoal III)____________________________
____

4) Finalmente, escreva aquilo que gostaria de ouvir no seu aniversário de 70 anos. Neste caso, como é a parte final do exercício, deixarei três exemplos para facilitar sua decisão.

Exemplo 1) *Vovô, você é a pessoa que fez de nossa família o que somos hoje. Quero ser como você. Parabéns pelos 70 anos!*
Exemplo 2) *Pai, parabéns pelos setentão. Temos muito orgulho da empresa e do nome que você construiu. Faremos de tudo para perpetuar o seu legado!*
Exemplo 3) *Amor, obrigado pela vida ao seu lado. Parabéns pelos seus 70 anos e espero que possamos viver ainda muito tempo juntos!*

É a sua vez:

____

Feita a reflexão profunda acerca do seu futuro, você já tem estrutura para criar e presentear, *de você para você*, uma ***declaração de missão***. Em respeito ao tempo que agora trabalha para você, é hora de agrupar e organizar toda esta informação. Permita-me contribuir com algumas sugestões de introdução para a sua declaração que está prestes a surgir.

Eu vou impactar a vida das pessoas por meio de...
Serei líder exemplar e terei como princípios...
Vou iluminar o caminho de pessoas por meio de...
Vou promover uma mudança usando...
Serei uma referência por meio de...
Serei um exemplo de pessoa em função de...
Deixarei um legado grandioso através de...

Escolha **uma** dessas frases de abertura para compor a sua em busca resultados mensuráveis, porque escolher várias tornará sua missão grande demais e talvez inatingível.

Para continuar, reescreva as três habilidades que você definiu há pouco no terceiro passo.

Para que assim possam lembrar-se de mim como... (resuma em uma frase conclusiva aquilo que definiu no quarto passo e marcará o seu aniversário de 70 anos)

Como autora, faz sentido apresentar a minha declaração de missão por duas razões.

1) Aquilo que eu proponho também devo executar ou não terá sentido;
2) Definido e anotado o propósito, é válido pensarmos novamente na citação de Mark Twain que apresentei no capítulo 2:

> *"Os dois dias mais importantes da sua vida são o dia em que nasceu e o dia em que você descobre o porquê".*

Minha declaração de missão:

> *deixarei um legado grandioso através de entusiasmo, determinação e inspiração para que assim possa ser lembrada como uma mulher que potencializou o talento e a genialidade das pessoas, contribuindo para um mundo melhor.*
>
> Tathiane Deândhela

O tempo usado com excelência não tolera o excesso de praticidade e não permite abuso de sentimentalidade. É preciso equilíbrio. Talvez a pessoa diga que será lembrada pelo amor que dedicou aos seus. Seria uma grande e bela resposta, mas amar as pessoas de nossas relações é um grande feito ou somente algo que deveríamos fazer naturalmente? Inclusive, é válido ratificar que demonstrar e manter o amor exige atitude e tempo.

Fomos criados e dotados de condições emocionais para amar e, como uma espécie de recompensa por recebermos este dom, não é razoável afirmar que devemos usar o tempo para construir algo grandioso conforme a aptidão que cada ser possui?

Espero que este alerta sobre a consciência de nossa condição natural mostre a você que amar e respeitar não torna a pessoa **diferenciada**. Se o tempo não for valorizado, muitas pessoas usarão a expressão "eu amei o tanto quanto pude" para justificar o fato de nada ter engendrado para dar o seu empurrão na roda evolutiva que gira o mundo.

Em gestão do tempo, rapidez é sinônimo de pressa?

Certa vez, ouvi uma frase que me marcou por muito tempo. A suposta simplicidade do pensamento oculta uma reflexão profunda sobre o que estamos fazendo de nossa vida com relação ao quesito mais importante, o tempo.

> *Seja rápido, mas sem pressa.*
>
> Autor desconhecido

Estamos na era da informação rápida, mas é imprescindível atentar-se para a pressa que incide em retrabalho. Voltar e reanalisar tudo que foi feito de errado e investir nova energia de tempo para fazer tudo certo é o equivalente a enxugar gelo ou contar grãos de areia. Direção é mais importante que velocidade e por isso um propósito de vida bem definido faz a diferença. Se você não tem claro o que quer, não saberá fazer as escolhas. Confira a história que marcou um comandante e seu imediato. Você vai entender melhor a necessidade de prestar atenção constante para fazer as melhores escolhas.

Há muito tempo, enquanto uma guerra se deflagrava, como tudo estava tranquilo, o comandante da frota recolheu-se para dormir. No dia seguinte, ao conferir as cartas de navegação e a bússola, perce-

beu que tinham errado a rota e estavam se aproximando do espaço inimigo.

O comandante pensou que provavelmente não teria como voltar sem que a sua embarcação fosse notada pelo inimigo e o poder de fogo que tinham era mínimo. Qualquer escolha parecia difícil, até que o imediato disse:

— Capitão, sei que foi erro meu ao escolher esta rota, mas tenho certeza que há tempo para manobrar e recuar sem que sejamos notados. Faça a manobra e, se não der certo, pode me enforcar antes que o inimigo se aproxime.

Assim feito, o capitão pegou o binóculo, calculou e decidiu fazer o que sugeria seu imediato. Alguns minutos depois, estavam longe e não foram notados. Assim que percebeu não haver mais perigo, o capitão ordenou que enforcassem o imediato.

Um dos tripulantes perguntou ao comandante porque tomou esta decisão.

— Aprendi com um filósofo grego que uma vida não examinada não é digna de ser vivida. O imediato não cuidou bem da própria vida e colocou todas as nossas em risco.

Você e eu podemos até achar que o comandante foi cruel, mas se diz que naqueles tempos a lei do mar era implacável.

Voltando ao estudo desta obra, atente-se para a seguinte constatação:

> ***Fazer as atividades certas ao mesmo tempo é sinal de versatilidade. Fazer todas as atividades ao mesmo tempo é garantia de tempo perdido em uma, várias ou todas elas.***

Para reforçar este pensamento que partilhei, apresento uma pesquisa realizada com grandes executivos em busca de entendimento a respeito da relação entre excelência e quantidade de metas.

> Alguns deles tinham de 1 a 3 metas para cumprir e as efetivaram em 100%. Outro ajuntamento de executivos foi analisado pela mesma pesquisa – aquele perfil que costuma encher o peito e se dizer realizador de muitas tarefas ao mesmo tempo – e se afirmaram capazes de efetivar 4 a 10 metas em simultaneidade. O resultado constatado ao término da pesquisa indicou que só conseguiram realizar de 1 a 2 metas, portanto inversamente proporcional à expectativa. O terceiro grupo de executivos, composto por profissionais ainda mais "teoricamente audaciosos" se propôs a executar de 11 a 20 metas e o resultado foi zero no quesito excelência.
>
> ***Fonte: Franklin Covey***

A pesquisa retrata com grande rigor o poder do foco para a realização de metas. Acima de três propósitos, já não existe foco ou, se ainda existir algum, estará comprometido.

Nós, mulheres, somos reconhecidas pela capacidade de exercer múltiplas tarefas ao mesmo tempo e de fato a história mostra que damos conta do recado.

Não podemos negar que o treino, a repetição, neste caso independentemente de sexo masculino ou feminino, potencializam as habilidades e competências versáteis da pessoa. Os neurocientistas, todavia, já concluíram em pesquisas ao redor do mundo que o número de tarefas, metas e objetivos realizados com excelência é singular. Traçar e realizar uma de cada vez facilita o direcionamento do foco para a realização e garante que a pessoa não se perca em meio a expedientes que distraiam sua energia de realização.

A pessoa que treinou a capacidade multitarefas pode mesmo obter um resultado pontual muito interessante, mas é preciso lembrar que o cérebro é perfeito em sua construção e à medida que este órgão poderoso preenche o desejo versátil, também reduz a capacidade de concentração.

— Nossa, eu não era assim antigamente. Não sei o que está acontecendo comigo! – Afirmam as pessoas que estão se esquecendo, cada dia mais, de coisas que antes se lembravam com enorme facilidade. Elas têm andado "aéreas", distraídas, com dificuldade de foco e concentração. Adivinhe o motivo?

É isso mesmo que você pensou. O cérebro está demandando tanto esforço para cumprir tarefas diferentes que vai ficando cada vez menos capaz de oferecer concentração.

Da desatenção e do uso inadequado do cérebro, outras consequências surgirão e, se o tempo não tem sido gerenciado com excelência, será impossível coibir a chegada delas:

— A inteligência emocional é sabotada;

— A capacidade de criar é reduzida;

— O imenso poder de reflexão que possuímos perde força;

— O vício em irrelevâncias se estabelece.

Com este capítulo, o seu poder de discernir deve estar aflorado e tenho certeza que já adotou com firmeza a efetivação do colaborador "tempo" na empresa que é a **sua vida**. Perceba que todo colaborador capaz de fazer sua empresa progredir deve ser valorizado. Com o tempo, você não pode fazer diferente. Testifique, portanto, de qual destes três grupos você quer fazer parte:

1) Das pessoas que jamais contratam o tempo como colaborador e alegam que "tempo foi feito para ser usado e não analisado".
2) Das pessoas não têm tempo para avaliar a corrida do tempo, nunca o contratam como colaborador e passam a vida lideradas pelo relógio.

3) Das pessoas que fazem o tempo trabalhar para si e lideram os ponteiros do relógio que marcam a batida de sua vida.

Fico contente que a opção 3 seja a sua. Você já descobriu, com certeza, que é melhor ter o tempo como colaborador do que sequestrador e líder de sua vida.

Vamos em frente, porque no próximo capítulo vou partilhar um pouco mais sobre o momento certo de colocar as escolhas em harmonia com o tempo.

CAPÍTULO VII

A vida é feita de escolhas ou de tempo?

VII

Os estudantes profissionais que conseguem se transformar em verdadeiros pesquisadores são exemplos de foco porque sabem se preparar. É o caso daqueles que se destacam como primeiro lugar de um disputadíssimo concurso público.

Eles têm um **objetivo** na vida, recurso capaz de desadormecer a excelência em gestão do próprio tempo. Fizeram uma escolha de carreira e irão lutar bravamente até conseguir.

Enquanto vários estudantes não sabem ao certo qual curso desejam, os estudantes profissionais usam o poder do foco de maneira invejável a ponto de escolherem claramente em qual concurso querem ser aprovados, ao invés de atirar para todos os lados.

O esforço deste investimento, que reúne muitas horas diárias (e noites em claro) diante de pilhas e mais pilhas de livros, é recompensado com a carreira que sonharam e pela qual viverão.

Transpondo para quaisquer setores em nossa vida, as escolhas podem e devem depender da fase que vivemos. O propósito definido por você ou outra pessoa há muitos anos não precisa servir como referência para uma vida inteira. Ainda que estivesse com ótimas intenções na época em que foi estabelecido, sua vida, seu desejo e sua visão podem ter seguido rumo diferente e o próprio tempo talvez tenha mostrado que o caminho era outro.

Permitir-se escolhas diferentes é um direito do qual não podemos abrir mão. A inflexibilidade de seguir algo até o fim, mesmo que não nos faça mais felizes, é a prova contundente de que permitimos à infelicidade grande poder e elegemos o tempo como líder destes momentos difíceis.

Eu escolhi viver à frente de meu tempo. Optei por gerenciá-lo hoje e amanhã tê-lo como companheiro. Quero ter a certeza de que fiz o possível para que as escolhas do presente repercutam positivamente em meu futuro e no porvir daquelas pessoas que confiaram em mim como ser humano, consultora, *coach*, professora ou palestrante.

Este é o papel das escolhas frente ao tempo e do tempo diante das escolhas, relação que pode ser muito confusa ou intensamente produtiva, desde que saibamos como laborar com o tempo sem duelos.

O tempo não é e nunca será o inimigo. Os verdadeiros rivais são os nossos olhos que não delegam ou, cheios de crenças, por vezes não mostram a melhor atitude para cada meta ou sonho.

> ***Olhos abertos demais para realizar e fechados para calcular as frações do tempo são perigosamente cegos. Dê a atenção que o tempo exige e não permita que a aleatoriedade permeie seus sonhos.***

Como empresária, a todo instante me vejo a perguntar se tal assunto operacional ou administrativo realmente exige minha atenção ou pode ser delegado a quem eu confie. Mesmo que me surpreenda a constatar que a resposta é não, ao invés de assumir a tarefa sem nenhuma ação, preciso treiná-los para que possam fazer no futuro, porque nenhum líder consegue ser excelente se investir tempo demais em tarefas administrativas e operacionais. Líderes excelentes devem adotar esta preocupação com a seguinte periodicidade: **todo dia**.

O que falta para a minha equipe ser capaz de executar esta tarefa em meu lugar? — assim eu me pergunto e também sugiro que se pergunte tantas vezes quanto possível. Como presidente de empresa, engajo pessoas para que façam melhor do que eu.

Não há contexto melhor para quem pretende fazer a sua empresa ser referência nos serviços que presta ao país. Ao tornar-se o braço forte dos assuntos operacionais, a equipe me libera para assuntos estratégicos. Crescem eles, cresço eu e cresce a empresa. O efeito deste crescimento triplo não pode ser outro: cresce a sociedade.

Assim explicado, delegar não é somente uma questão de buscar qualidade de vida, como se afirmava no Brasil, há pouco tempo, quando a palavra entrou na *moda do jargão corporativo*. É também uma estratégia de sobrevivência do padrão excelente que deve fazer parte da empresa todo dia. E, por fim, é a chance que o tempo oferece para os empresários gerenciarem com os fatores que diferenciam sua gestão:

⇒ Assertividade;
⇒ Eficiência;
⇒ Visão futurista;
⇒ Capacidade de criar;
⇒ Excelência;
⇒ Gestão do tempo.

Significa ainda que trabalhar à noite, investir finais de semanas e férias num labor que você ama pode gerar duas consequências.

1) Transformar você em uma pessoa milionária ou colocar a sua empresa no ranking das melhores do setor, porque durante este tem-

po extra você pode criar algo que os seus concorrentes sequer sonham;

2) Desacelerar a velocidade de evolução da sua vida porque, se investir um tempo extra inaproveitável ou improdutivo ao que faz, outras áreas da vida perderão harmonia.

Não tenho dúvida de que você quer a primeira opção, portanto vou revelar o que faz a diferença: usar o tempo livre para criar algo grandioso. Fazer uso de estratégias, por exemplo, como as que compartilho nesta obra, levará você até a primeira possibilidade.

Correr de um lado a outro só porque se acostumou e gosta de adrenalina que o corre-corre gera, leva exatamente ao portal da opção 2. A pessoa fica com a sensação de que foi produtiva, mas sua execução é totalmente ineficiente.

Quem faz o tempo trabalhar, desempenha tudo sem pressa, mas com ritmo de celeridade, chega à frente com enorme destaque.

Quem corre contra o tempo, pode observar, está sempre justificando os motivos que levaram ao atraso.

Acredite em empresas que se desculpam por um eventual atraso com carta assinada pelo responsável e desconfie daquelas que possuem um formulário pronto de justificativa para atrasos, assinado no formato de gráfica. O primeiro caso sugere eventualidade e o segundo, padronização de reincidências.

Fazer o tempo trabalhar para você requer pensar mais uma vez no valor do tempo e saber que, perdido, não volta, o que faz dele uma riqueza que ultrapassa recursos financeiros. Dinheiro perdido pode ser reconquistado com trabalho. O tempo que se foi, infelizmente, levou a energia e sagacidade que você tinha naquela época e não retornará jamais. O melhor negócio é aproveitar o presente e desapegar-se do arrependimento antes fique maior no futuro. Sabendo disso, alguns cálculos precisam ser feitos. Há quem prefira se deslocar de ônibus em oposição a pegar um avião. Esta "vantagem" gera uma economia, por exemplo, de 100 reais e, para obtê-la, um dia inteiro de viagem é necessário. Ao calcular as horas de trabalho perdidas, o prejuízo pode ser bem maior. Existem muitos formatos de "economias equivocadas", porque o tempo deve trabalhar para você, mas, no exemplo citado, a pessoa o demitiu, ignorou sua existência.

Agora que entendemos como empreender melhores escolhas, o que se deve delegar e quão válido é ou não abdicar do tempo livre em prol de resultados que transpassem a maioria, é hora de apresentar a estratégia do próximo capítulo, no qual vou propor a eliminação definitiva de alguns ladrões reincidentes de sua vida. Ladrões que assaltam seu tempo a cada dia, passam despercebidos e você nem pode chamar a polícia. Então, basta por enquanto. Recuso-me a **interromper** sua evolução. Vamos logo conhecer e adaptar, pois nosso futuro merece. Chegou o momento de colocar o dedo na ferida das interrupções.

CAPÍTULO VIII

O chefe da quadrilha que lhe rouba o tempo

VIII

O tempo agora trabalha para você e, como bom policial que é, está pronto para prender o maior chefe do crime organizado que rouba o seu tempo.

Antes que esta prisão seja efetuada, cabe pensar sobre o bom *coaching*, aquele que acontece de dentro para fora. O primeiro passo de uma liderança pronta para grandes resultados é ***ouvir*** as pessoas comprometidas, independentemente das metas previamente impostas pela empresa. Os profissionais que trabalham em nosso instituto sabem quanto se espera que tragam em volume mensal de negócios. Porém, é fundamental que se pratique a audição, porque qualquer desmotivação que possa surgir se torna pontual e não se arrasta pelo mês inteiro.

Todos os dias minha equipe de vendas se reúne para uma reunião que inclui gestão do tempo de ponta a ponta com porções de psicologia positiva, vendas e *coaching*.

Por que podemos dizer que o dia de hoje foi válido?

O que vamos fazer de diferente amanhã?

Com frequência, acabamos por definir metas para o dia seguinte a partir destas conversas e nem sempre a venda e o faturamento têm foco. Em alguns casos, os passos de uma negociação complexa são definidos nestes bate-papos. A pessoa volta para o lar feliz porque foi ouvida e motivada para o dia seguinte. Munida de um plano efetivo, sabe com a exatidão de um relógio suíço como vai usar e valorizar o tempo que dedica à empresa. Além disso, segundo estudos de Napoleão Hill apresentados em sua obra *A Lei do Triunfo*, quando nos comprometemos com outras pessoas, aumentamos em 95% as chances de realização. Imagine o resultado. Como ensinei no capítulo II, apresento para estes colaboradores a realidade dos fatores **tempo** e **realização**.

Dei este exemplo do que fazemos na empresa para motivar você que costuma se perguntar qual é a periodicidade ideal para treinar colaboradores. Nós fazemos uma reunião curta, objetiva e agradável ***todos os dias***. O fruto deste encontro diário é treinamento.

O machado das vendas é afiado a cada dia porque a lenha dos clientes espera por minha equipe de vendas no dia seguinte. De outro modo, os clientes procurarão lenhadores mais treinados e preparados para oferecer excelência e **rapidez**, porque há um elemento que o cliente moderno não tem a perder: tempo.

Definido que todo dia a sua equipe deve ser treinada, posso partir para um dos pontos mais estratégicos desta obra, que é ceifar os ladrões do tempo.

Ronda em nossa vida, todos os dias, o impressionante número de 24 ladrões do tempo. São persuasivos, insistentes e, de uma maneira ou de outra, conseguem roubar. Alguns destes ladrões são gerados por nós e outros invadem nossa vida através de situações alheias ao nosso controle. A procrastinação, a velha mania de deixar tudo para amanhã ou para segunda-feira, tão típica e recorrente entre nós brasileiros, é um exemplo de ladrão do tempo que só depende de nós para existir.

Vou relevar quem é o chefe desta quadrilha que comentei na primeira frase do capítulo. A interrupção lidera o ranking dos ladrões do tempo e o propósito de vida que você determinou para si é, ou deveria ser, o seu policial, o agente que restabelece a lei em sua vida e coloca um fim aos processos de interrupção.

A matemática simples, por seu caráter de exatidão frio e objetivo, pode doer, mas nunca mentiu ou mentirá. No começo deste livro, ainda no primeiro capítulo, ofereci estratégias para que você ganhasse quatro horas livres ou mais por dia. Chegou o momento de fortalecer esta possibilidade.

Tenho segurança que você vai renascer e levar para a vida prática tudo que está aprendendo. Digamos, todavia, que esteja um pouquinho complicado digerir tantas mudanças. Se for assim, tenha compreensão e pense que, se você não teve até hoje nenhuma educação sobre como gerir o tempo, está tudo bem. Mas continue se esforçando. Leia e releia o conteúdo da obra até que as ações sejam mais fáceis e se transformem em atitudes.

De tudo que leu até aqui, se você levar o que vou ensinar agora, já terá um grande ganho para a vida pessoal e profissional.

Vamos aos ladrões situacionais. Estudos afirmam que, ao mudar de uma para outra atividade, 7 a 14 minutos são necessários para que a concentração total se restabeleça. Seu cérebro nem precisa fazer esforço para acreditar nisso, porque o lado esquerdo dele, consciente e equânime nos cálculos, sabe muito bem que se trata de verdade indiscutível.

Imagine, por exemplo, uma panela de água fervente. Ao tirá-la do fogo e recolocá-la alguns segundos depois, a água já volta borbulhando com a mesma fervura?

A panela precisa se reaquecer para voltar ao estágio de fervura total. Nosso cérebro usa a mesma performance e, depois de interrompido por algo ou alguém, não retoma a atividade com a mesma energia. A brecha entre 7 e 14 minutos será substancial para recobrar o estado de excelência dedicado à tarefa.

Você seria capaz de mapear e identificar quantas vezes por dia as pessoas ou os acontecimentos interrompem seus afazeres estratégicos?

Vamos então usar a matemática para entender o que as interrupções podem acarretar ao seu dia a dia.

Simulação: digamos que interrompam você em 27 ocasiões durante o mesmo dia.
Base de cálculo: 8 horas de trabalho por dia
Média do tempo para recobrar a concentração: 10,5 minutos
Confira o resultado:
Você desperdiçou 283,5 minutos/dia dos 480 disponíveis que tinha para trabalhar.
Com a mesma base de cálculo, se levarmos em consideração 30 dias de trabalho, dos 14.400 minutos disponíveis, se você for interrompido 27 vezes por dia, terá desperdiçado 8.505 minutos somente para recobrar a concentração e buscar a excelência.

Aliviando a carga de interrupção, o tempo consumido e minado nas atividades estará livre. Estamos falando de aproximadamente **5 horas livres por dia** para criar, aumentar a competitividade, planejar, executar com excelência. E o combustível disso tudo, como já percebemos, é a gestão do tempo. Você está pesquisando meu livro e poderá supor que na teoria é fácil e quem sabe queira mesmo é ver *na prática*. Vou apresentar quatro soluções que facilitarão o emprego desta prática.

1) O primeiro passo é criar uma lista de interrupções recorrentes. Vamos imaginar, por exemplo, que um colega de trabalho ou alguém da equipe que você lidera pergunte a mesma coisa todos os dias. De modo geral, com paciência e amorosidade, as pessoas repetem a mesma resposta e fica por isso mesmo. Entretanto, profissionais diferenciados listam a reincidência destas perguntas e criam uma resposta prévia para que não se repita;
2) Esta estratégia impõe a criação de reuniões individuais e fixas com o grupo. Quando algum membro de minha equipe pretende falar algo fora do período reservado para esta finalidade, a resposta é a seguinte:

— Se não for algo de justificável urgência, anote tudo em uma pauta e na próxima reunião, vamos "despachar".

Sabe por que oriento a equipe desta maneira?

Imagine que o colaborador se lembre de algo que deseja tratar com o gestor a cada 20 minutos. Em apenas uma hora, terá interrompido este gestor 3 vezes e, por consequência, tomará dele, nos cálculos que já fizemos, aproximadamente 31,5 minutos futuros destinados à reconcentração. O gestor, para agravar ainda mais este péssimo gerenciamento de tempo, não será o único a vivenciar o prejuízo. O próprio colaborador perderá a mesma fração do valioso tempo que poderia ser utilizado em diversas frentes produtivas. A empresa, nesta cadeia improdutiva, é a figura jurídica que arcará com o prejuízo das ações de pessoas físicas despreparadas para a melhor administração possível do tempo;

3) Adotado por muitas empresas e inspirado pelo atendimento das churrascarias em sistemas de rodízio, consiste no uso daqueles sinalizadores. O verde indica que o gestor está disponível para ajudar. O vermelho é o indicativo de que está executando tarefas de altíssima concentração e só poderá ser interrompido em situações extremamente importantes e urgentes (daí a necessidade de saber o que é importante: vide capítulo V). Antes de adotar o uso deste recurso, é válido conversar com a equipe e explicar que há uma intenção positiva na ação. Assim, evitará que o time veja a mudança como uma atitude de arrogância da liderança. Como o exemplo deve começar pelos líderes, após algum tempo estes poderão inserir o recurso para todos, seja

qual for o cargo. Isso os colocará como iguais no quesito comunicação;

4) Inseri esta técnica em nossa empresa e o resultado foi surpreendente. Trata-se do momento do silêncio. Por duas horas diárias, propus à equipe que ficássemos em total silêncio entre nós. Naturalmente, podem atender ao telefone e aos compromissos. Num primeiro momento, houve alguma resistência porque tudo que é novo tende a assustar. Apenas 30 dias depois, a própria equipe constatou o resultado impressionante em seus números, em sua performance e pediram para aumentar este tempo. Hoje, praticamos o silêncio por 210 minutos intercalados entre os períodos manhã e tarde. Criamos um case de excelência que você certamente poderá replicar em sua empresa.

> ***Cheia de exigências, a excelência impõe que arme sua blindagem contra as distrações de natureza pessoal, digital ou circunstancial.***

Nos treinamentos que realizo, estruturados ao rigor do melhor uso possível do tempo, partilho estratégias rápidas capazes de gerar considerável ganho de tempo e produtividade. Devem ser seguidas com critério, repetição diária e atenção focada. Compartilharei outros dois ladrões que possuem alto poder de distrair e estão soltos por aí.

O que fazer com a caixa de e-mail explodindo a todo instante – uma tarefa de poucos segundos evita a perda de muitas horas que por acúmulo serão necessárias para fazer aquilo que as pessoas chamam de *limpar o e-mail*. Este não é o maior problema.

Às vezes, os profissionais se julgam atarefados demais e até consideram a importância daquele e-mail que acaba de *explodir* na tela, mas o deixam para responder assim que possível. A mesma correria que os impediu de fazer algo com o e-mail naquele instante poderá fazer com que se esqueçam ou o percam entre tantos e-mails importantes recebidos durante o dia.

Um e-mail é *documento* e pode ser arquivado, mas é válido frisar que nem todos requerem arquivamento. Não fazer nada sobre a correspondência é a pior das escolhas. Escolha uma atuação direta sobre o documento. Arquive, se houver necessidade. Responda, se o tempo reservado para isso permitir, naquele instante, que o faça. Encaminhe para a pessoa responsável ou, se for um documento criado com o simples propósito de informar e mínima relevância futura, apague.

Adote o zelo de evitar que a ambiguidade comprometa a interpretação da mensagem e considere que do lado de lá existe uma pessoa com sentimentos que pode interpretar sua mensagem de várias formas. Caixa alta, por exemplo, pode significar que a pessoa está gritando com você e explica porque a pessoa mudou e ficou menos receptiva.

Nem sempre o assunto deve ser tratado por e-mail. Se o assunto já foi e voltou várias vezes, pense em telefonar para resolver a questão com maior eficiência e agilidade.

Quando você receber um e-mail que dependa de um sim ou não e liste, para exemplificar, 50 pessoas, responda somente ao remetente. Nada é mais desagradável do que passar uma tarde inteira apagando e-mails desnecessários.

A última e principal estratégia sobre e-mails é não manter a caixa aberta por todo o dia. No momento em que o ruído programado ou a imagem do envelope surgirem, seu cérebro vai armar o gatilho, a *ordem inconsciente* de responder imediatamente. Estipule horários para a tarefa e somente quebre o ciclo se a hierarquia ou a situação definir, por telefone ou qualquer meio, uma resposta urgente acerca do e-mail que acaba de enviar. Cuidado com o vício de abrir e-mails, porque em minhas aulas vejo muito aluno que diz ser impossível ficar longe do e-mail por muito tempo.

> ***Acredite, se for urgente, que você não vai receber um e-mail. Se o produto que você vendeu explodiu, por exemplo, seu telefone vai disparar ou alguém baterá em sua porta. E como dizia minha sábia avó: se for notícia ruim, chega depressa.***

Como lidar com as redes sociais sem abrir mão da excelência nos propósitos profissionais

– tudo em excesso prejudica e as redes sociais fazem parte da regra; aliás, muitas vezes nem nos damos conta do que está acontecendo ao lado. Desde a função "soneca", o celular já começa a distrair seu portador. O dia avança e as mensagens chegam das diversas redes sociais, implorando sonoramente por atenção. Somos seres movidos por curiosidade. É só vasculhar quantas vezes *você não resistiu* e deu uma olhadinha durante o trabalho em *quantas curtidas* ou se alguém visualizou sua foto, vídeo ou texto que postou.

Uma qualidade define os mecanismos de sucesso das redes sociais: irresistível. Em algum instante, com certeza você sucumbiu ao assédio das mensagens e, ao agir assim, tenha percebido ou não, rendeu-se àquilo que os especialistas em adiar as coisas chamam de "matar um tempinho". O que estas pessoas não sabem (e agora você sabe) é que os homicidas do tempo nunca tiveram sucesso na vida, nem conforme o que desejavam e tampouco segundo o que a coletividade social classifica como sucesso.

Quero me despedir deste capítulo com um pensamento do século XVIII que aprendi a respeitar e admirar. A citação deste gênio será útil por toda a eternidade.

> *Você ama a vida? Então não desperdice tempo, porque é deste material que a vida é feita.*
>
> Benjamin Franklin

No próximo capítulo, mais um desafio. Estamos em uma jornada que avança rumo à terra da reeducação. Já ultrapassamos a metade da obra e, acredite, não perdemos tempo algum, porque devagar demais nunca chegaríamos. E não corremos em nenhum instante porque quem acelera demais não contempla as paisagens da estrada. Nossa viagem será tranquila e confortável porque contratamos o melhor dos colaboradores como motorista: o tempo.

CAPÍTULO IX

Tempo para treinar, encantar, afiar e afinar

IX

Grandes multinacionais fabricantes de papel e celulose, automóveis, alimentos e tantos outros setores têm máquinas que fazem quase toda a operação. E desde que bem programada, uma máquina não perde tempo. Estas empresas investiram milhões em seu parque de máquinas, então talvez seja razoável afirmar que os maiores fabricantes do mundo inteiro devam investir cada vez mais na gestão do tempo de sua máquina e cada vez menos na educação dos colaboradores, afinal as tarefas humanas em suas linhas produtivas são mínimas.

Será? E quem faz a programação do parque de máquinas? O acaso, um robô ou um ser humano?

Este é um engano muito recorrente. Líderes do setor produtivo não percebem que o fator humano é complemento da produção e cada colaborador precisa receber treinamento e educação constantes sobre o valor do tempo dele para a empresa e vice-versa.

Não adianta ter a melhor e mais pontual tecnologia produtiva e não contratar especialistas para treinar a força humana que programa este aparato tecnológico. Duas estratégias combinadas garantem o retorno de tudo que se investiu para ter as melhores máquinas.

1) O exercício de treinar, treinar e treinar até alcançar o nível de encantamento aos clientes e beneficiados com seus produtos ou serviços;
2) Somar à tecnologia disponível o resultado obtido das equipes que ficaram fortalecidas com o treinamento.

Desde a revolução industrial, administrar bem o casamento entre homem e máquina é um desafio que já foi trabalhado em muitas frentes. Porém, o mercado sempre valorizou muito o tempo das máquinas, a capacidade produtiva, a manutenção prévia, corretiva e tudo mais que fosse necessário para manter três turnos de produção. Com tanta energia voltada para esta frente, o capital humano foi vilipendiado nas décadas anteriores e, felizmente, nos últimos 10 anos o mercado acordou. Pessoas de perfis diferentes controlam máquinas e cada pessoa tem seu tempo de maturação para oferecer o melhor resultado.

O tempo gerido com excelência entra como solucionador desta aliança humano-tecnológica. Antes, porém, de exigir produção máxima, é preciso olhar para as vicissitudes humanas e educar, através de treinamentos, os adultos que lhe prestam serviços, porque Paulo Freire, um dos maiores educadores de todos os tempos, estava certo. Adulto tem mais reservas para aprender do que criança.

Contrariadas, crianças têm dificuldade para aprender. Contrariados, adultos se recusam a aprender. Gerenciar o tempo de aprendizado é tarefa macro da empresa e requer visão de unicidade por parte dos líderes, que muitas vezes não conseguem sozinhos ou, pior, dizem que não têm tempo para avaliar performance individual.

Os líderes que conseguirem gerenciar o tempo que cada colaborador requer para absorver informações terão somente uma tarefa depois disso: administrar o tempo de produção.

O líder eficaz não gasta o tempo de seu time. Ele investe 80% do próprio tempo no desenvolvimento da equipe e apenas 20% em questões operacionais. Ele faz o tempo trabalhar porque cria um efeito multiplicador, de modo que as coisas não dependam dele para acontecer com mais excelência pela sinergia e complementaridade de todos os pontos fortes de cada integrante da equipe. O fato é que somos limitados enquanto seres humanos e sozinhos não iremos muito longe. Líderes precisam da equipe e a equipe precisa dos líderes.

Colaboradores felizes rendem mais e, ao sentirem quão valorizado tem sido seu tempo, só tendem a aumentar a produção, porque o DNA de uma organização se dá pela repetida comunicação.

— Eu já estou cansado de repetir a mesma coisa, parece que você tem algum problema para entender o que eu explico — dizia o chefe do passado que aos poucos tem sido sepultado pelo **tempo** e pela evolução.

— Não importa quantas vezes eu precise te ensinar, desde que continue motivado a aprender, dar o seu melhor até chegar à excelência — diz o líder moderno, bem treinado para lidar com pessoas.

Quando entro em organizações para atuar como consultora ou palestrante, umas das reclamações mais recorrentes é a comunicação. De fato, uma comunicação apressada que ignora o óbvio vai gerar retrabalhos fatais para o sucesso de qualquer organização. Portanto, a comunicação assertiva é de inteira responsabilidade do emissor da mensagem, que precisa ter a flexibilidade e a sensibilidade de criar até sete formatos diferentes de apresentar a mesma mensagem, até garantir plena compreensão.

Recentemente concedi entrevista para uma renomada emissora de rádio e falava sobre a estratégia Disney de encantar seus clientes, algo que descobri nos bastidores da Disney, em treinamentos que fiz em Orlando.

Durante a inauguração do parque, W. Disney, preocupado com a excelência, andou pelo parque porque seus olhos testemunharam aglomeração na bilheteria e no interior do parque. Dias depois, a Disney descobriria que o motivo do tumulto era a circulação de ingressos falsos. Em meio ao caos, Disney percebeu que um dos colaboradores estava sendo rude com os clientes e no dia seguinte, em reunião, definiu:

— Vamos fechar o parque e ajustar tudo. Quem não tiver o DNA Disney, ou seja, quem não gosta de gente e não consegue encantar pessoas não poderá ficar conosco. Vamos contratar novas pessoas que tenham o DNA Disney e por três meses vamos treiná-las para que possam encantar nossos clientes.

Como eu disse durante a entrevista, empresas dispostas a adotar o método Disney alcançam resultados diferenciados porque encantar não é fácil, mas pode tornar eterno qualquer negócio.

Disney tornou-se referência porque fez algo que poucos empresários brasileiros têm coragem de fazer. Contratou e treinou por três meses uma equipe cujos resultados nem estavam garantidos. Quando os colocou em ação, não apenas teve sucesso. Formou um *case*, uma cultura baseada em investir previamente para colher resultados de curto, médio e longo prazo. Diferente do que pequenas e médias empresas têm por hábito fazer no Brasil: preocupar-se só com o curto prazo, exigir geração de receita imediata "para ver" se vale ou não contratar em definitivo, pós-experiência.

W. Disney descobriu e revelou o pote de ouro que encontrou sozinho depois do arco-íris e usou a gestão do tempo para entregar ao seu parque, em apenas 90 dias, encantadores de clientes. Embora tenha buscado selecionar quem tivesse o DNA Disney, ainda assumiu o risco de formar estas pessoas e ao término do treinamento descobrir que não se encaixavam. Foi arrojado e ensinou ao mundo umas das maiores lições de todos os tempos.

Este aprendizado não está no *Google* porque depende de interpretação, mas faço questão de dividi-lo com você:

> ***A gestão do tempo bem praticada pode transformar a estratégia de 90 dias em um negócio milionário, com repercussão mundial e sem data para acabar.***

O seu machado deve estar afiado ou você vai ficar como o lenhador da metáfora que, após horas empenhando sua serra contra uma tora sem resultados expressivos, escutou de um homem que viu sua ação:

— Senhor, afiar o seu serrote seria a melhor maneira de facilitar o trabalho, ganhar tempo e produzir mais. Vejo que você já está cansado, suado e não tem obtido resultados com esta serra pouco afiada.

A reposta do lenhador foi inusitada.

— Agora estou sem tempo. Quando tiver, eu a afiarei. Enquanto isso, preciso continuar porque tenho prazo para a entrega.

Traduza este exemplo para o seu mercado e perceberá que conhece muitos lenhadores que preferem investir dias na mesma tarefa ainda que o resultado não seja o desejado, mesmo que existam opções menos onerosas e mais rápidas.

— Eu faço deste mesmo jeitinho há muitos anos e sempre deu certo. Agora você vem me dizer que devo fazer diferente?

Este é o argumento que você escuta com frequência das pessoas indispostas a mudar, a fazer o tempo trabalhar por elas.

O tempo, diante disso, assume duas carteiras de atendimento:

1) Formada por pessoas que analisam, mudam o que for necessário, buscam recursos que ainda não possuem e seguem para alcançar o resultado desejado no tempo estipulado;
2) Formada por pessoas que se recusam a sondar suas atitudes, arranjam confusão com qualquer um disposto a fazê-las mudar algo, ainda que seja o líder ou o dono da empresa e, para piorar, se forem contrariadas e consi-

derarem que tiveram seus valores questionados, desistem de tudo.

Eu toquei violoncelo por cinco anos. Além dos inúmeros treinamentos e ensaios para fazer a melhor apresentação, tive a oportunidade de ver um comportamento interessante e harmônico. Mesmo com o público que aos poucos ocupa os lugares, os músicos continuam a afinar seus instrumentos como se estivessem em eterno ensaio. É a magia da música e da harmonia. A busca pelo mesmo tom, por um alcance envolvente e doce aos ouvintes é a mesma. Em qualquer momento da apresentação, basta que um grupo de instrumentos desafine e meses de ensaio estarão perdidos.

Em meio ao encontro de tantos sons diferentes, observe que a orquestra faz pausas e é neste pequeno espaço de tempo no qual o silêncio é rei, que tudo se harmoniza para os próximos passos.

O maestro, líder maior que faz tanta gente tocar como se fosse a última vez, é ou deveria ser a inspiração para o ambiente corporativo. O Brasil tem líderes de todas as áreas que são maestros e estes podem contar com as equipes porque conseguem potencializar o máximo do talento que cada um tem.

Como acontece na música, os integrantes o seguirão. Há líderes, entretanto, colocados neste papel com precocidade e, neste caso, os colaboradores estarão indispostos a atender quaisquer demandas.

Alguns supervisores, gerentes, diretores e executivos confundem a relação tempo-objetivo da empresa e acabam perdendo a equipe. Há empresas que notam esta desordem e outras ficam sentadas sobre a bomba-relógio da liderança que é refém do tempo. Se você está lendo esta obra e é empresário, perceba que duas escolhas se apresentam.

1) Agir como a cultura do futebol, que demite líderes antes de dar-lhes tempo suficiente para amadurecer a equipe;
2) Agir como W. Disney, que sempre treinou líderes e colaboradores para que juntos fizessem de seu negócio algo inimaginável, porque, se a pessoa pode sonhar, pode realizar.

Se a sua empresa vivencia a primeira situação, você pode continuar da mesma forma e não julgarei sua preferência. Já a segunda estratégia, todavia, pode fazer a sua empresa voar e, da mesma forma que a Disney fez, você vai precisar de especialistas que não estejam contaminados pelo dia a dia da empresa.

Contratar profissionais para treinamento pode ser algo distante de sua atual realidade. Então, faça um aquecimento e descubra mais acerca deste tema. Para atender aos critérios da minha missão de vida, disponibilizo conteúdo gratuito na internet e várias informações sobre o jeito Disney de encantar. Pesquise o canal *Tathiane Deândhela* no *Youtube*, onde estes vídeos estão hospedados para ajudar você no processo de desenvolvimento pessoal.

No próximo capítulo, vamos juntos entender o papel da inteligência emocional diante do tempo.

CAPÍTULO X

A relação entre a inteligência emocional e o tempo

X

> *Se a sociedade te abandona, o sofrimento é administrável.*
> *Se você se abandona, o sofrimento é incurável.*
>
> Augusto Cury

A inteligência emocional é um relógio eficiente para nos ajudar no processo de gerir o tempo. Certa vez, estive em uma palestra presencial do Dr. Cury. Dentre muitas frases cunhadas por seu conhecimento, esta ficou registrada em meu interior.

Neste capítulo, quero mostrar a você como a inteligência emocional pode ser grande aliada no entendimento de ter uma vida melhor a partir da gestão do tempo.

A vida ensina, principalmente, com dois seguintes recursos:

1) Conhecimento nato ou adquirido;
2) Repetição de alegrias e tristezas que geram experiências.

Nem tudo é alegria e felicidade, mas tudo ensina. Minha obra está sendo construída com um formato semelhante às ações da vida. Então, de maneira inevitável, peço licença para entrar em um assunto um pouco mais pesaroso. O propósito, entretanto, é grandioso.

Aquilo que gera alegria e felicidade, como uma viagem internacional de férias, nos ensina como é bom viver e sempre deixa a sensação de que acabou rápido demais.

Aquilo que gera dor e pesar, como a despedida de alguém especial, nos ensina como a vida passa depressa.

Aquilo que é inevitavelmente rotineiro, como encarar o trânsito ou enfrentar filas, nos ensina ou no mínimo deixa a impressão de que estamos perdendo um tempo irrecuperável.

Ora, que a vida é passageira todos sabemos há muito tempo, mas só lembramos isso quando precisamos visitar um hospital e nos deparamos com tantas pessoas acamadas.

Que precisamos valorizar e viver intensamente cada minuto do tempo disponível que temos em vida, todos nós sabemos, mas só lembramos isso quando um ente querido parte e deixa ferida a nossa alma.

Quando perdemos alguém que muito amávamos e percebemos quão pouco tempo passamos ao lado desta pessoa enquanto estava viva ou sentimos como nos economizamos, quantas vezes mais poderíamos ter dito "eu te amo" e não dissemos, aí parece que o tempo foi ainda mais cruel ao sepultar "tão cedo" aquela pessoa.

Alguns aprendem e passam a valorizar as outras pessoas amadas que permanecem vivas. Tornam-se mais atenciosas, amorosas e presentes. Outras, assim que a dor do luto se cala na alma, retomam o processo de viver no piloto automático sem dar **tempo** aos que ama.

Indagadas sobre há quanto tempo não visitam a mãe, o pai, os irmãos, costumam dizer "tô precisando mesmo. Assim que acabar esta correria, vou visitá-los".

Sem uma gestão do tempo efetiva, esta correria jamais vai acabar e o estresse vai tomar conta de tudo.

Após pesquisar mais de 160 mil funcionários em 185 países, a Global Corporate Challenge constatou que os profissionais não estressados são 24% mais produtivos.

Tenho certeza que você conhece alguém ou algum casal que consegue a proeza de sair em férias e estressar-se porque o voo atrasou, o marido olhou para o lado onde havia uma mulher bonita, o filho fez bagunça no quarto de hotel ou a esposa não colocou determinado item na mala. Qualquer pequeno evento não programado parece suficiente para aplacar a alegria das férias planejadas.

O tempo dedicado ao lazer nunca poderia ser violado por miudezas, mas isso é algo que somente quem sabe gerir o tempo valoriza, incluindo você, pois, enquanto lê a obra, está ganhando uma nova chance de traçar estratégias e valorizar o tempo.

Quem consegue celebrar os momentos de alegria e aprender com os momentos de tristeza, transforma-se em um ser humano melhor e mais evoluído, aprende a gerir o tempo e consegue fazê-lo trabalhar em favor de sua vida.

Quem não consegue, infelizmente há muito não tem vivido e sim sobrevivido ao sabor do tempo e das circunstâncias. Não veem o tempo passar e, um dia, contemplam a própria imagem no espelho e constatam uma verdade imutável:

> ***O tempo se dispõe a trabalhar para você gratuitamente por toda a vida, desde que queira e faça com que ele trabalhe. Por outro lado, se o tempo sente que a pessoa não aproveita seus préstimos, ele pode ser cruel e envelhecê-la precocemente.***

Em minhas aulas, as pessoas argumentam:

— *E como eu faço para ser mais feliz? É algo mais forte que eu. Quando vejo, já estou triste ou chateada com algo.*

Respondo que o foco direcionado à tristeza só faz aumentá-la e, para ilustrar, comento com eles sobre uma pesquisa com estudantes da Universidade de Harvard.

O estudo concluiu que a interpretação da realidade altera nossa experiência. Os alunos que consideraram um privilégio chegar à Harvard e focaram nesta conquista, brilharam ainda mais. Descobriu-se, entretanto, que boa parte dos alunos só ficava realmente feliz por estar em uma das melhores Universidades do mundo na primeira semana. Depois, já voltavam seus pensamentos para as provas, trabalhos e desgastes que todo aluno passa. Este comportamento fazia com que as oportunidades passassem debaixo de seus narizes, mas, infelizmente, não as aproveitavam.

Fonte: O jeito Harvard de ser feliz – Shawn Achor

Que constatação esta pesquisa permite?

A felicidade não vem de fatores externos, mas de dentro de nós. Para ser mais feliz, você precisa focar nas coisas boas, ter gratidão pela vida e mentalizar os seus objetivos.

Duas vozes interiores brigam constantemente e precisamos escolher a voz que nos impulsiona positivamente. Estamos falando do jogo interior, como se estas duas vozes estivessem sempre a disputar suas ações.

É este jogo interior que permite aos atletas uma performance acima da média, um desempenho singular, após treinarem até a exaustão diária. Chega um momento em que o organismo não acompanha mais e só a mente é capaz de alcançar o inatingível. O curioso é que todos nós, frágeis que somos, temos as mesmas limitações, desânimos e, por vezes, vontade de desistir. Mas os pensamentos precisam ser administrados para que assuma o controle da vida.

Nas sessões de *coaching* que realizo para contribuir com a evolução das pessoas e a consciência acerca do tempo, com frequência trabalhamos a valorização dos momentos mais felizes e o aprendizado com os instantes adversos.

— Conte-me como você se sentiu ao vivenciar o momento mais feliz de sua vida.

A pessoa se abre e conta em detalhes tudo que sentiu.

— Conte-me agora um momento não tão bom de sua vida.

Os detalhes diminuem. O semblante muda. A pergunta seguinte costuma gerar o aprendizado que em tese deveria ser natural e todas as pessoas precisariam fazer:

— O que você pode dizer que aprendeu com esta situação que mudou a sua vida?

Neste instante, não é incomum que o pássaro do silêncio fique ali, a plainar.

O aprendizado que a tristeza gera ajuda a formar a história de vida da pessoa e, se este exercício de aprender não for praticado, ficará apenas tristeza por tristeza.

O passado triste que não gera lições fere e rouba o precioso tempo presente. Por consequência, rouba também o futuro, porque quem não encontra tempo para ser feliz hoje, dificilmente vai achar amanhã.

> ***Inteligência emocional é a oportunidade de usar o coração e o cérebro para escrever os melhores capítulos da história de sua vida.***

Saber o valor de cada momento e transformá-lo em algo positivo não é só uma questão de estratégia. É a chance real que o tempo concede para que a sua existência não passe despercebida pelos outros e por você.

Aprender como se transformar em um ser humano melhor a partir das próprias experiências e do conhecimento que o mundo inteiro disponibiliza (boa parte dele de graça) deve ser um desejo contínuo. Querer hoje, porque leu meu livro e se inspirou, e amanhã voltar a sobreviver ao invés de viver não adianta. Assim o tempo não vai trabalhar para você.

Deseje ser melhor hoje e, automaticamente, será melhor amanhã porque o ser humano que evolui e conhece como é boa a vida evoluída se recusa a retroceder.

O tempo voa sim, como as pessoas têm por hábito afirmar, mas você é o piloto da nave que faz o tempo voar. Ajuste os motores, domine os botões e prepare-se para um futuro planejado e alcançado do jeito que você deseja.

Você é protagonista da própria história e fazer a diferença só depende de você. Escolha o aprendizado contínuo com as alegrias e tristezas e o tempo trabalhará para a sua evolução.

Que as dores te fortaleçam e as alegrias te rejuvenesçam. O seu tempo começa agora!

No próximo capítulo, que por seu conteúdo será um pouquinho mais extenso, vou trazer estratégias para que domine uma necessidade importantíssima à prática da gestão do tempo. Em negrito, mostrarei como cada uma das leis apresentadas tem relação direta com o tempo que deve trabalhar para você.

Eu cresço, tu cresces. Vamos em frente!

CAPÍTULO XI

Os pilares da persuasão multiplicam seu tempo

XI

O vínculo entre persuadir e gerenciar o próprio tempo deve ser estabelecido em sua vida porque, ao dominar a arte de influência com ética e rapidez, se ganha tempo para investir em novos projetos. Sem este domínio, investe-se muito tempo para convencer as pessoas de que você, a sua ideia, o seu produto ou serviço são bons e, quanto mais tempo investido para vender, menos tempo para criar.

Eu ministro um curso que se chama "O poder da persuasão nas vendas", inspirado na própria experiência em vendas, em diversas pesquisas que faço no Brasil, no exterior e na obra de Robert C. Cialdini, As Armas da Persuasão, um dos livros mais procurados e comentados pela comunidade mundial de vendas. Tive a oportunidade de fazer um curso diretamente com o autor da obra e quero partilhar com você uma parte do que aprendi. Cialdini enumera seis pilares persuasivos que podem aumentar seu poder de influência, negociação e comunicação.

Vamos supor que você não se sinta uma pessoa vendedora. Até aí tudo bem, mas é impossível que não queira ser, no bom sentido da palavra, uma pessoa influenciadora.

Todo segmento de mercado conta com pessoas éticas e outras oportunistas. Tenho certeza que ao longo de sua vida você já teve o prazer ou o duvidável prazer de conhecer ambas. Os oportunistas de plantão usaram a manipulação e confundiram os consumidores. Com isso, a palavra persuasão soa aos ouvidos de muitos consumidores e vendedores como algo negativo, o que me obriga como autora a desmistificar e diferenciar o significado.

Persuadir é ganha-ganha. É argumentar e convencer pessoas com ética sobre produtos e serviços realmente agregadores para a vida ou a empresa de quem os consumirá.

— A questão não é o que você disse. Eu até concordo, mas não gostei da forma como se expressou!

Acredito que você já ouviu esta frase porque, em algum momento da vida, nossa comunicação não consegue fazer com que a outra pessoa compreenda a mensagem. Esta dificuldade de persuadir, ou argumentar, caso a palavra lhe seja mais palatável, consome precioso tempo de nosso dia a dia.

Um telefonema de 40 minutos com o cliente, por exemplo, para convencê-lo da necessidade e dos benefícios que terá ao comprar nosso produto, pode se resumir em 5 minutos. Basta que o profissional do lado de cá da linha esteja treinado para valorizar o tempo e atuar com persuasão.

Manipular é ganha-perde. Uma relação baseada em ações e promessas de natureza manipuladora não tem a menor chance de ser duradoura. Executivos, líderes e vendedores deste perfil são responsáveis pela rotatividade de clientes porque focam em resultados de curto prazo. No afã de fechar bons e rápidos negócios, prometem o que não poderão cumprir e mentem sobre as qualidades que o produto ou serviço oferecido pode oferecer à vida do consumidor ou aos negócios da empresa compradora.

Aplicada às vendas, a persuasão é uma ferramenta que aumenta o volume de negócios, faz o profissional de vendas e a empresa que ele representa multiplicarem relevante tempo que pode ser utilizado para criar novos produtos ou buscar novos clientes.

Um valor deve estar presente na vida da pessoa que vende ou influencia e deve também estar elencado entre os valores da empresa: **princípios**.

A palavra princípios é muito poderosa. É atemporal. Um princípio que rege relações pessoais, profissionais e foi criado há 100 anos, passará por mudanças governamentais, setoriais ou econômicas e vai se manter ali, firme e forte como pilar inquebrável de quem o criou. A lei da gravidade é um exemplo. O universo a criou para que a sua criação fosse eterna. Em sua empresa, uma lei como a gravidade deve ser criada, uma espécie de cláusula pétrea da constituição que ninguém possa mudar, nem mesmo os sucessores ou novos compradores.

É universal. Vamos supor que o seu produto ou serviço se transforme em objeto de desejo mundial. Independente da cultura, seja no Japão ou em Tocantins, o princípio da fabricação ou distribuição deverá ser obedecido. Um bom exemplo deste princípio são as franquias que estão no mercado há tantas décadas e primam pelo mesmo princípio de qualidade da época em que a matriz foi fundada.

Vamos entender os seis princípios da persuasão que Cialdini nos entregou. Praticados juntos, os seis poderão fazer o tempo livre que você já conquistou até aqui ter qualidade a ponto de gerar um efeito multiplicador e proporcionar ainda mais horas livres ao seu dia.

Você vai observar que todas estas leis têm como aliado o tempo bem administrado, sem o qual elas são apenas palavras bonitas. Afinal, gestão do tempo não é um recurso a ser utilizado apenas de maneira situacional. Administrar o melhor tempo possível para ter bons relacionamentos em todas as áreas da vida é o melhor que se pode esperar de quem coloca o tempo para trabalhar em seu favor.

> ***Onde existir persuasão com princípios, haverá tempo de sobra. Quanto mais tempo sobrar em sua vida, maiores serão as chances de criar e diferenciar-se como profissional e pessoa.***

1) **Reciprocidade** – o princípio é intrínseco à essência humana e, de maneira natural, somos predispostos a retribuir aquilo que recebemos e nos foi útil. O presente de aniversário é um bom exemplo. Quando você o concede, não por obrigação e sim pelo princípio da reciprocidade, a pessoa fica feliz pela lembrança e sente no inconsciente a vontade de retribuir quando chegar a sua vez de completar mais um ano de vida. Sem dúvida, pelo o espírito de servir devemos dar sem esperar nada em troca. Contudo, nem por isso a pessoa servida abre mão de retribuir. Esta lei tem muito poder. Quando você vai às compras e é bem atendido, perceba que o desejo de comprar, nem que seja um pequeno objeto, fica martelando em seu inconsciente. Sabe por quê? Você está respeitando e re-

tribuindo o tempo que a pessoa te dedicou. Eis a lição que esta lei nos deixa. Dê o seu melhor sem nada esperar e o princípio da reciprocidade que está no DNA humano vai lhe servir.

2) **Afetividade** – este princípio tão importante e saudável para a convivência está em falta. No trânsito as pessoas estão mais preparadas para brigar do que para demonstrar afeto através de uma gentileza. No elevador, as pessoas preferem abaixar a cabeça a sorrir e dizer um "bom dia". Nos negócios, as pessoas ficam felizes por concluir compras e vendas com pessoas que se tornaram amigas. Certa vez, fui fechar uma parceria e, quando cheguei para a reunião, a alegria tomou conta de mim. Surpresa, descobri que a pessoa com quem concluiria era uma amiga antiga. Em seus negócios, usar este princípio pode gerar muitos resultados positivos, mas é preciso incluir a ética. Valorize e elogie com sinceridade os pontos positivos da pessoa, encontre pontos em comum, migre o relacionamento de frieza para amizade e dê afeto verdadeiro. O resultado será só uma questão de **tempo**.

3) **Coerência** – nem sempre o ser humano está disposto a ser coerente com aquilo que prega, defende ou vende. Falar bem, persuadir e não entregar o que prometeu em seu belo discurso é um retrocesso na evolução

das relações humanas. Se aliarmos esta lei à primeira, a reciprocidade, é claro que você também tem o direito de receber a coerência que está oferecendo. Quando sentir que a outra parte está hesitante, basta você dizer algo parecido com isso: "Na última conversa que tivemos há algum **tempo**, você se comprometeu a fechar esta parceria conosco".

Assim que diz para outras pessoas, o seu compromisso com a própria coerência faz o inconsciente e o consciente trabalharem para alcançar o ensejo no menor espaço de **tempo** possível. Grandes vendedores usam a lei da coerência em prol dos negócios. Por exemplo: logo no início da negociação, o cliente diz que está procurando qualidade. Minutos depois, ao fechar, ele reclama do preço e, ao fazer assim, sem notar, oferece ao profissional de vendas o arremate da negociação. "Permita-me lembrá-lo que quando começamos a conversar, você disse que procurava qualidade. E qualidade tem preço. Estou oferecendo o melhor que tenho para fazer com que a sua compra lhe faça feliz". Ora, não foi outra pessoa quem disse o que buscava. O próprio cliente deixou escapar sua preferência por qualidade e o vendedor só precisa abordar a coerência ente o que deseja o cliente e o que ele tem a vender no **tempo** certo.

4) **Escassez** – é impossível que você nunca tenha comprado ou tenha sentido a tentação de comprar quando viu o cartaz que dizia *últimas peças*. Os grandes centros populares instalados em megalópoles como São Paulo, com sua famosa 25 de março ou os bairros que atraem o consumo de varejo e atacado, como Bom Retiro e Brás, utilizam a lei da escassez como maior ferramenta de venda por volume. Em campanhas de marketing ou na comunicação com o cliente, a frase "Veja o que você está perdendo" muitas vezes é decisiva na negociação porque ninguém gosta de perder nada. Estudos estão disponíveis para comprovar o sucesso desta lei. Só há dois expedientes que não podem ser praticados sob nenhuma hipótese: I) mostrar algo irreal que a pessoa esteja perdendo só para concluir o negócio e II) usar a falsa lei da escassez, porque repare que você é incapaz de acreditar na seguinte situação: um anúncio diz que somente hoje o preço do veículo "Z" terá 15% de desconto com IPVA grátis e tanque cheio, mas no dia seguinte você escuta outro anúncio que diz "a promoção fez tanto sucesso que decidimos adiar". Seu cérebro mais que depressa liga o alerta de mentira. Ou, na pior das hipóteses, vamos supor que você tenha lançado mão de seu precioso **tempo** para ir até a loja aproveitar a promo-

ção e a escassez. No dia seguinte, quando o anúncio for renovado, você sentirá que foi traído, que nem precisava ter corrido para comprar o veículo.

5) **Autoridade** – você comprou ou ganhou este livro e só chegou até aqui porque percebeu que tenho autoridade e me credenciei para falar sobre o tema de capa. Somos dispostos também por natureza do instinto de sobrevivência a pagar mais caro e receber o melhor serviço. E até as pessoas do tipo que preferem economizar a comprar o serviço mais caro são assim. Comprar uma palha de aço mais barata que ofereça o mesmo benefício é fácil, embora possa comprometer, a exemplo do machado afiado que já dei, o **tempo** que a pessoa vai investir para deixar o objeto brilhando. Duvido que, por exemplo, para operar o coração da mãe, procedimento no qual o **tempo** pode salvar a vida dela, o filho pense em contratar o médico mais barato. Ele vai procurar a maior autoridade da cardiologia que o seu dinheiro possa pagar. O princípio da autoridade gera confiança e, para obtê-la, demonstrar alguma fraqueza é saudável. Intrigante? Pense. Sabemos que o ser humano e as empresas têm falhas porque não existe estrutura humana ou empresarial perfeita. Admitir um ponto fraco é sinal

de nobreza, é assumir que pode melhorar sempre. Este comportamento gera confiança e eleva profissionais e empresas ao nível de autoridade que todo concorrente deseja ser ou ter. Um grande fabricante do setor de cosméticos, por exemplo, lançou sua campanha de vendas e fez uso de um poderoso advérbio: "Nós somos caros, mas você merece". Adivinhe o que fica gravado na mente humana? Isso mesmo. *O que você merece* e por instinto, a todo **tempo** procuramos comprar aquilo que merecemos. O fabricante assumiu a fraqueza de custar mais e, como resultado, demonstrou ser a autoridade de seu setor.

6) **Consenso** – desde a época do império, executivos com interesses comuns se reuniam para um café empresarial e damas da sociedade se juntavam para discutir quaisquer assuntos interessantes da corte. Os tempos mudaram, mas o desejo de pertencer a um grupo de iguais ou semelhantes permanece. Você tem notado a enorme quantidade de grupos e associações que se formam em diversas redes sociais? Inovar é preciso, mas aquilo que a maior parte das pessoas tem comprado não pode ser desmerecido. Quando gostamos muito de um produto ou serviço, chegamos até a pensar que seria ridículo lançar uma novidade. Quer um

exemplo? A Coca-Cola não tem por hábito lançar essências diversas. Vive do tradicionalismo há muito **tempo** porque descobriu que há consenso aprovador em seu produto principal. Em nosso dia a dia procuramos consenso para economizar **tempo** e comprar algo confiável. Exemplo: no restaurante, lemos todo o cardápio e pedimos que o garçom nos diga qual é o mais consumido. Nas livrarias, procuramos as listas dos mais vendidos. Não desperdice esta oportunidade. Inove com frequência, mas crie algum produto ou serviço que tenha aprovação cultural e consensual, porque aquilo que é comprado e aprovado por muitos pode te levar ao futuro como um dos maiores empreendedores de seu tempo.

Coloque em prática estas leis. Viver é estar num lugar sem estar em outro ao mesmo tempo, é concentrar o seu melhor naquilo que está fazendo agora. Esta é a verdadeira essência da gestão do tempo e, sem estes princípios, o caminho para alcançar suas metas e objetivos pode ser muito mais espinhoso.

Vamos ao próximo capítulo, pois chegou o momento de descobrir que é possível encantar pessoas através do que diz.

CAPÍTULO XII

Como encantar pessoas com o seu discurso

XII

> *As pessoas esquecerão o que você disse,*
> *as pessoas esquecerão o que você fez.*
> *Mas nunca esquecerão como as fez sentir.*
> Carl W. Buehner.

A história da humanidade é marcada por grandes apresentações que serão lembradas para sempre. Poetas, estadistas, conferencistas, palestrantes, religiosos ou médicos, aqueles que têm o dom de encantar pessoas com o que dizem podem mudar o mundo para pior ou melhor. Se você quer dois exemplos que ilustram meu argumento, basta se recordar que o carisma dos discursos de Adolf Hitler convenceu boa parte da nação alemã de que ele estava fazendo o que era certo em defesa da pátria, ao passo que Martin Luther King Jr. usou o mesmo recurso, o microfone, para convencer a humanidade de rever os direitos civis entre povos iguais, sem distinção étnica.

Estes exemplos, trazidos à modernidade, deixam o ensinamento de que é preciso ter responsabilidade a fim de não prejudicar ninguém e capacidade para influenciar pessoas de maneira positiva. Uma apresentação inspiradora pode impulsionar a boa liderança, as melhores vendas e os resultados que toda empresa busca.

Você pode alegar que este assunto não lhe interessa, já que não pretende tornar-se palestrante ou orador de nenhuma corrente. Será?

Ao aplicar todos os ensinamentos deste livro, inevitavelmente você crescerá, conquistará novos patamares nunca imaginados e precisará de novas competências que poderão ser facilmente desenvolvidas com força de vontade e treino. Se você já tem essas competências, a genialidade histórica nos ensina que nada é tão bom que não possa ser melhorado. Precisamos explorar nossos pontos fortes.

Você é líder ou deseja um cargo de liderança? Quando chegar o momento de dar um discurso encantador para motivar

o time, o que vai fazer? Transferir esta responsabilidade? Dizer ao patrão que não está pronto para falar em público? Você é executivo, empreendedor ou gostaria de ser? A vida vai exigir que em algum momento você esteja diante de um grupo de pessoas para convencê-los de que é capaz e está preparado para assumir aquilo que estiver em discussão, seja uma venda de proporções milionárias, uma fusão ou a decisão sobre onde e como os seus negócios devem concentrar investimentos.

Todos os excelentes comunicadores inspiraram pessoas em direção a um ou mais propósitos como liberdade, igualdade, fraternidade, união, democracia e justiça.

Luther King, por exemplo, deixou sua marca na história da humanidade. Em 1968, um tiro acabou com a vida deste homem, mas o seu legado permanecerá eternamente vivo e os seus tataranetos estudarão seus feitos.

Deixar um legado é o foco, pois apenas gerir o tempo do relógio sem se preocupar com algo que dure mais que a própria vida não faz muito sentido.

A despeito da idade e do pouco **tempo** que teve para fazer a diferença neste mundo, Luther King conseguiu inserir a grande mudança de paradigmas que fez o mundo olhar para o que vinha fazendo e rever conceitos. A riqueza de sua comunicação arrebatou multidões e, com as palavras certas, encantava. Acima e por trás de sua habilidade oradora, ele trazia outros dois segredos que servem para inspirar eu, você e todas as pessoas que têm a oportunidade de falar para pequenos ou grandes grupos: autenticidade e coerência.

Ele discursava sobre assuntos e necessidades comuns nos quais acreditava com todo o poder de sua alma.

E você já investigou por que os líderes não conseguem exercer sua autoridade, inspirar e ter o respeito da equipe? A resposta é elementar. Eles não consideram as demandas da empresa e os objetivos da equipe como um objeto de sua alma. Cumprem o papel de liderança segundo supõem ser o correto e disparam ordens aqui ou acolá. O fruto desta falta de comprometimento que venha da alma os impossibilita de convencer a equipe. Quer uma demonstração disso? Pense em você, em como agiria, e responda:

Algumas vezes você precisou falar em público para persuadi-los a concordar com aquilo que você estava a oferecer?

Recobre na memória que, **se** isso aconteceu e você considerava grandioso aquilo que oferecia, as pessoas concordaram, aceitaram e compraram sua ideia. Mas, se em outras situações você precisou oferecer algo simplesmente porque a empresa mandou, sendo que você discordava do funcionamento ou não acreditava no produto, pode se lembrar. Tenho certeza de que você não concluiu o feito.

Você pode fazer parte do rol de grandes comunicadores. Destacar-se e ser uma daquelas pessoas que os outros têm enorme prazer de ouvir, que pedem para te escutar, não é algo reservado aos melhores palestrantes e oradores do planeta.

Ao seu estilo, no tempo e na realidade que vive e na empresa onde atua, você pode aprimorar o seu poder de comunicação e a vantagem de fazer-se ouvir com excelência é o ***ganho de tempo***.

Veja o exemplo da rotatividade na área de telemarketing. Profissionais são trocados a todo instante. Não conseguem oferecer excelência porque, de modo geral, várias dessas organizações não comunicam de maneira clara qual é o propósito deles ou da empresa. Seus colaboradores trabalham cegos, sem esperança de conquistar algo grandioso na organização e, assim, o tempo médio de atuação diária, em torno de somente 4 horas, se torna uma eternidade para estes profissionais, afinal não veem a empresa como ponte para o alcance de seus sonhos.

Treinar arduamente antes de se apresentar é a garantia de que vai encantar pessoas. Repare que a fórmula mágica é tão óbvia que se repete. Assim como músicos e atletas, os oradores também precisam treinar, preparar, planejar. E por que com você, independentemente da área de atuação, seria diferente?

Note que muitos políticos, jogadores e figuras públicas em geral partem para conceder uma entrevista despreparados. São traídos pelo próprio cérebro que fica confuso sem saber se usa o lado esquerdo lógico ou o lado direito emocional para responder. São traídos pelo curto tempo que as entrevistas costumam ter e, quando percebem, é tarde demais e já disseram besteira.

Além do treino prévio, em outros momentos não há tempo para ensaios e os profissionais devem estar preparados porque a vida nem sempre vai ser fácil. Nas empresas, quem deseja liderar deve estar sempre em total prontidão para falar aos seus pares e subordinados a qualquer instante. Assim que surgir algo emergencial ou uma nova campanha-relâmpago decidida de última hora pela diretoria, profissionais bem preparados para motivar sua equipe devem entrar em cena e fazer o melhor.

Não existe equipe fraca. São os líderes com discursos pouco envolventes que não conseguem tocar-lhes o coração.

Estudos mostram que, para cada 5 minutos de apresentação, é preciso treinar 2 horas. Até hoje, pode ser que você afirme não ter encontrado tempo para isso, mas agora que a gestão do tempo faz parte de seu DNA, o tempo livre por você adquirido poderá ser usado também para treinar e desenvolver a arte de encantar e persuadir pessoas através da comunicação.

O elemento tempo, durante a comunicação, é tão crucial que muitos odeiam desperdiçar tempo e oferecem apenas 3 minutos para qualquer um apresentar ideias. Isso significa que a habilidade de síntese também é importante. Costumo brincar em minhas aulas sobre o "discurso minissaia" tão importante no mundo corporativo. Já ouviu falar? Ele precisa ser curto o suficiente para chamar a atenção e, ao mesmo tempo, cobrir as principais partes.

Eu já discursei, entre palestras e treinamentos, para milhares de semelhantes e posso assegurar que falar em público não é o bicho de sete cabeças que várias pessoas imaginam. Treine, observe-se, pratique o autoconhecimento daquilo que diz. Critique-se positivamente, esteja com o constante desejo de melhorar. Só há uma coisa que eu, como autora e conferencista, não permito que você faça:

Não se julgue!

Aperfeiçoe. Permita-se melhorar, mas não seja tirânico.

Você se recorda da régua usada na escola? Vamos tomá-la de empréstimo para dimensionar um exemplo.

Imagine aquela régua de 30 cm. Para que você saiba se o seu estilo de discursar está indo bem, divida-a em duas réguas de 15 cm.

1) 15 cm de régua para medir se o seu discurso tem persuadido as pessoas para que possam agir e realizar o que for necessário no tempo desejado;
2) 15 cm de régua para descobrir se os resultados de seu novo estilo comunicador têm trazido resultados pessoais e profissionais dignos de grandes comunicadores.

Digamos que uma dessas estratégias não esteja funcionando. Recomece, sem se tiranizar, e repita até conseguir. Faça contato se tiver dificuldades, porque como *coach* vou ajudá-lo na empreitada de comunicar-se bem, algo que pode fazer você ser lembrado pela eternidade.

E há tempo melhor do que a eternidade para registrar os seus feitos?

No próximo capítulo, vamos conciliar qualificação e gestão do tempo porque o sucesso que você quer reivindica esta importantíssima combinação e vamos ainda analisar algumas polêmicas expressões que podem gerar crenças limitantes para a sua vida.

CAPÍTULO XIII

A rapidez pode ser amiga da perfeição

XIII

Direção é mais importante que velocidade. Você provavelmente se recorda de ter lido esta frase no capítulo IV. Saber aonde você quer chegar é o primeiro passo. A partir do momento, porém, que a direção foi definida, fará muito sentido ter velocidade acompanhada de planejamento, análise de ambiente e estratégia.

— E aí, como anda seu trabalho? Tem ganhado um bom dinheiro com o que faz?

— Ah, tô na correria e sem tempo pra nada, mas a empresa vai muito bem.

Você já ouviu, estou certa disso, uma conversa parecida com esta em algum momento da vida e também deve ter escutado a famosa expressão "quem trabalha muito não tem tempo para ganhar dinheiro".

Ao estudar profundamente grandes nomes da história, pode-se perceber que a rotina de quem ganhou muito dinheiro e deixou um legado lendário descredencia esta expressão como realidade.

Todos precisaram fazer escolhas e abriram mão de tanta coisa que só eles poderiam dizer, para se dedicar arduamente ao treino, estudo e execução do trabalho. Alguns beiram os limites da insanidade ao praticar gestão do tempo e quase não conseguem distinguir lazer e trabalho.

As histórias de vida dos grandes Steve Jobs, Walt Disney, Abílio Diniz e Jack Welch, verdadeiras referências a serem seguidas, denotam que todos trabalharam muito para alcançar o triunfo. Você seria capaz de imaginar quantas vezes estas personalidades disseram não para a companhia da família e a cervejinha na sexta-feira com os amigos?

Um estudo de Malcolm Gladwell defende que se investirmos mais de 10 mil horas de esforço e dedicação em determinada área, equivalente a no mínimo 8 horas ininterruptas por dia, em 4 anos conseguiremos chegar ao nível de genialidade nessa área.

Dividindo-se essas 10 mil horas em nosso dia, uma carga horária mais extensa se fará necessária para que sejamos destaques. A antecipação ou adiamento do resultado dependerá da motivação e compromisso diário com a resiliência de seguir o plano e manter a gestão do tempo preenchida.

Como diria Dalai Lama, tudo começa com um primeiro passo: a identificação de seus valores e de onde quer chegar, ou seja, o propósito-base que deve ser praticado no cotidiano.

Uma excelente mãe não se forma quando a criança fica doente. É um exercício diário. Se a mãe entender que ser excelente é mais importante que tudo, os níveis de dedicação subirão até alturas estratosféricas. E não resta dúvida, algumas tarefas e atividades precisarão ser renunciadas.

De acordo com a mitologia grega, em algum instante o guerreiro Aquiles definiu que ser lembrado como o herói que derrotou incontáveis adversários estava acima de qualquer outro interesse.

Em nossa vida não é diferente. Escolhas têm preço. Limitados como seres humanos, não acumulamos condições de *abraçar o mundo*. Quando temos uma visão clarificada na mente sobre qual legado queremos deixar e como queremos ser lembrados, as escolhas e renúncias se tornam mais fáceis ou menos complicadas.

Einstein, o grande gênio da história, construiu teorias fantásticas, mas o fato é que não era bom em tudo. Tinha pontos vulneráveis em outras áreas, mas nem por isso abalaram a genialidade que gritava em sua essência.

Você pode escolher ser bom em muitas áreas, mas investir o tempo de 24 horas em versatilidade de funções te tornará alguém que *vive na média*. Esta escolha não é depreciativa ou ruim. Optar pela média em várias áreas também pode ser muito interessante, dependendo de como queira ser lembrado e de como queira aproveitar o tempo livre.

A grande conclusão: o equilíbrio é relativo. Depende do que você quer alcançar e não existe certo ou errado. A sociedade ensinou que a metade é um bom divisor. Todavia, quem faz o tempo trabalhar para você é você e não precisa ser necessariamente 50% x 50%.

> ***Caso faça sentido para você que é responsável pela insubstituível gestão do próprio tempo, dedicar 80% do tempo ao trabalho e 20% à família ou vice-versa e sentir-se em pleno equilíbrio, feliz com esta divisão, está tudo certo.***

Tomada a decisão que não merece o julgamento de ninguém, estará em total coerência com aquilo que acredita e realmente importa para você.

Muitos afirmam que gestão do tempo é questão de equilíbrio e até faz algum sentido, desde que se observe a melhor lei do equilíbrio para você.

Assumir o controle do seu tempo muitas vezes extrapola o relógio, porque a evolução requer critérios pessoais, como mensurar grandes realizações durante a vida ao invés de apenas controlar se trabalhamos 8 horas ou mais por dia.

Vale medir, entretanto, até que ponto as escolhas por determinadas áreas prejudicarão a sustentabilidade dos demais setores da vida. Este capítulo começou com uma reflexão e eu acrescentaria uma frase para que faça sentido:

Quem trabalha muito no operacional, não tem tempo para ganhar dinheiro.

Apresento, em vista disso, 20 necessidades pessoais que podem tirar você do operacional, gerar maior discernimento diante das escolhas e potencializar o desejo de criar planos estratégicos de ação.

Peço que preste muita atenção, porque esta pode ser a parte mais impactante da obra para a sua vida. Descubra as necessidades que fazem mais sentido para você e, quando identificá-las, depois de ter a gestão do tempo como recurso inerente ao cotidiano, saiba que será necessário um exercício de escolha e desapego dentre as necessidades que listarei.

Quem quer ser tudo para todos, acaba não sendo reconhecido por nada. Então, ainda que doa, identifique e escolha apenas três características que fazem parte de sua identidade, de seus desejos reais para o futuro e, se ainda não age conforme se vê, a gestão do tempo tem uma sugestão de data para você: **agora** é um excelente e oportuno instante para começar.

1. **Ser aceito:** sentir-se incluído aos parâmetros e leis do lugar onde vive e executa o seu melhor, ser respeitado por aquilo que defende como posição maior, ser valorizado por muitos e questionado por poucos, ser popular entre os que fazem parte de sua vida e procurado por aqueles que ainda não fazem parte e assim o desejam, perceber-se tolerado porque pode argumentar sem intervenções de natureza crítica;
2. **Ser validado:** ter o charme de arrebatar multidões, ser reconhecido por quem é, ser elogiado por seus feitos, ser honrado pelo legado que constrói, ser premiado pelo diferencial que executa, ser apreciado de maneira honrosa, perceber nas pessoas o sentimento de gratidão por aquilo que você é e faz;
3. **Estar certo:** ser honesto com a própria cadeia de valores e o senso assertivo co-

mum, ter moralidade para viver em coerência com o que prega, manter a situação e a posição mesmo quando muitos duvidarem, ser encorajado a continuar lutando por suas causas, ser entendido pelas convicções que assegura à sociedade;

4. **Conquistar:** realizar o que poucos conseguem, alcançar novos limites e recordes, lucrar enquanto os pares só conseguem vislumbrar prejuízos, desbravar situações em busca de resultados difíceis que a maioria não deseja ou não tem coragem;
5. **Ser amado:** receber carinho de todos os lados, ser desejado como objeto de admiração, ser preferido entre multidões que façam algo parecido, ter aprovação e aceitação, ser adorado pelo que faz e idolatrado por ser quem é;
6. **Receber cuidado:** ter atenção generalizada, ser ajudado quando vacilar, ser salvo ao menor sinal de perigo, receber confirmação de que olhos ternos estão sempre acompanhando sua trajetória, ser cuidado pelo outro, atendido em demandas dolorosas, presenteado com o amor que lhe dedicam, ser abraçado quando tiver a sensação de que os problemas o cercaram por todos os lados;

7. **Ter certeza:** ter exatidão sobre os passos para o futuro, assegurar-se, ter garantias de que vive pelo sonho ao invés de sonhar por sonhar, ter promessas de que pode dar certo, ter clareza do horizonte que se pode vislumbrar, ter compromisso consigo e com a sociedade que testemunha a notoriedade daquilo que está criando;
8. **Controlar:** dominar as frentes de ação em combate à distração, comandar a realização dos intentos, administrar o que for necessário e delegar o que for dispensável, corrigir o curso da viagem com flexibilidade, ser obedecido pelas pessoas que lidera, limitar as possibilidades de erro;
9. **Ser livre:** ter autonomia para viver sem restrições delimitadas em sociedade, ser privilegiado pela sensação de que pode realizar os sonhos à sua maneira, ser imune às críticas daqueles que são incapazes de compreender seus esforços ou a aparente loucura que o ineditismo de suas ações sugere, ser independente para criar um estilo, ser soberano das decisões e resultados dela advindos, ser desobrigado de cumprir o lugar-comum, ser liberado pela própria consciência para agir sem a dor de se cobrar diariamente;

10. **Estar confortável:** ter luxo enquanto realiza seus intentos, ter opulência porque entende que a pobreza não condiz com os planos, ter excesso porque não se conforma e não se permite uma vida simples, ter prosperidade para arcar com os sonhos, satisfazer vontades sem se preocupar com o preço que possam custar, ser servido pela excelência que oferece ao mundo;
11. **Ser necessário:** ser melhor todos os dias e desta maneira melhorar aos outros, ser útil às causas diversas que se entrelacem com seus ideais, ser desejado por pessoas que admiram o legado que está sendo construído, agradar aos outros pelo impacto que consegue gerar em suas vidas, dar uma parte de seu conhecimento em busca de uma sociedade mais plural, ser importante para a vida daqueles a quem ama, ser o ponto vital do equilíbrio que você criou para si;
12. **Honestidade:** ser verdadeiro consigo e com as pessoas, ter sinceridade para dizer o que considera correto ainda que possa causar alguma dor aos interlocutores, ter lealdade com quem lhe serve, ser franco mesmo quando ninguém estiver vendo, ser direto para ganhar tempo, ser contra qualquer formato de manipulação ou controle dos semelhantes através de conhecimentos que somente você domine;

13. **Comunicar:** ser ouvido por muitos que desejam conhecer o que você tem a dizer, contar histórias a quem foi privado do conhecimento que você detém, dar sua opinião em temas de relevância social, profissional ou polêmica, compartilhar a sabedoria que acumulou, falar até mesmo para quem não deseja lhe ouvir, comentar o que descobriu de maneira mágica e encantadora, ser e manter-se informado enquanto seus pares têm preguiça ou desânimo para estudar, aconselhar pessoas à evolução;
14. **Dever:** ser e sentir-se obrigado a realizar os sonhos pessoais ou vicissitudes alheias, fazer a coisa certa segundo sua opinião, seguir o coração, obedecer às leis que a sociedade e você entendem como corretas, dar tarefas para si que lhe mantenham no curso das obrigações, satisfazer aos outros segundo o que entende por justo, convencer-se de que está fazendo a coisa certa todos os dias, ser dedicado ao propósito de uma vida inteira;
15. **Ordem:** ter desejo de busca por aquilo que se aproxima da perfeição, permitir-se atuar como filho da retidão, ter consistência com as ações que você mesmo criou para alcançar sonhos, ter listas do que fazer, ter constância de atitudes e proibir-se de oscilar, ser literal ao aplicar o que foi determinado;

16. **Paz:** ter quietude enquanto o mundo inteiro estiver em situação de caos, ter calma enquanto a maioria cultiva estresse, ter unidade de atitude enquanto múltiplas opções se oferecem, ter reconciliação com seu interior, ter acordo de serenidade de si para si, ter revigorante descanso de alma decorrente do que vem realizando;
17. **Reconhecimento:** ser notado pela imprensa e pela sociedade como notória figura empreendedora de resultados ímpares, ser lembrado pela posteridade, ser conhecido em todas as regiões, ser aclamado como personalidade, ser famoso a ponto de as pessoas lhe abordarem na rua, ter credibilidade por seus feitos, ser celebridade e pagar o preço da fama, seja qual for;
18. **Trabalho:** ter a carreira que sonhou, alcançar a performance que poucos alcançariam, assumir a vocação natural ou conquistada com estudo, ter determinação para ser o melhor que você pode ser, ser a personificação da iniciativa, ter responsabilidades por aquilo que assume como tarefa, ter motivação e desejo diário de fazer cada vez com mais excelência, obter resultados transformadores com o empenho, estar ocupado com o que ama ao invés de ter apenas um emprego;

19. **Poder:** ter autoridade para mandar e reinar como figura detentora de nobre conhecimento, ter capacidade de mudar o que quiser e quando desejar, ter resultados advindos da força e influência que possui, ter força para manter sua posição ainda que seja contrária em relação aos pares, ter direito de impor sua vontade ainda que seja caprichosa e pouco assertiva;
20. **Segurança:** ter proteção ainda que a ameaça seja você mesmo, ser estável para evitar riscos que considera desnecessários, ser vigilante com possíveis e discretos inimigos, ser cuidadoso com a própria vida e os riscos que os argumentos podem trazer para a sua integridade, estar alerta ao que vier mesmo sem saber o que virá, guardar-se de quaisquer males que possam afligir a você e aos seus.

Adaptado da metodologia SLAC

Identificou-se com uma ou várias delas? Anote em um papel e deixe-o sempre visível para lembrar, durante o dia a dia, e praticar. Faça desta anotação algo secreto e deixe-a em um lugar privado, porque o seu sucesso pode ser compartilhado, mas as necessidades que fizeram você conquistá-lo dizem respeito a você e ninguém mais.

Não tenha o pudor de vivenciar algumas destas necessidades só porque sente que os seus semelhantes fazem de outra maneira. É a sua vida. É a sua confraria de necessidades. É o seu tempo de ser feliz.

Agora que ganhou um *suplemento vitamínico* para reforçar os seus ideais, é hora de organizar o seu tempo. No próximo capítulo vou revelar o que faço para ter sucesso e encontrar tempo disponível para realizar todos os sonhos pessoais e profissionais.

Estamos chegando ao fim da obra e, ao mesmo tempo, desejo que você esteja em proximidade com o começo de sua nova vida norteada pelo tempo que passará a trabalhar para você.

CAPÍTULO XIV

Como ter uma agenda efetiva, factível, eficaz e lucrativa

XIV

Um dia eu ministro o curso ***Gestão do tempo*** para fazê-lo trabalhar em favor dos participantes. No dia seguinte, aplico o curso ***A estratégia do jeito Disney de encantar*** e, logo em seguida, ajudo executivos, estudantes e profissionais de setores diversos com o curso ***Negociação com a metodologia da Universidade de Harvard***. Além destes e outros cursos, ainda realizo atendimentos individuais ou em grupo com foco no processo de *coaching*, ministro aulas em universidades, lidero o grupo de jovens empreendedores de nossa região, participo de uma comunidade religiosa, gravo vídeos e escrevo artigos com frequência, assumo viagens domésticas e compromissos internacionais para seguir com o compromisso de pesquisa constante e oferecer o melhor aos clientes e parceiros do Instituto Deândhela.

Neste último capítulo, vou explicar como é possível administrar uma agenda frenética como a minha, porque desejo de todo coração que a sua agenda também esteja repleta de compromissos prósperos.

Eu faço o tempo trabalhar para mim e temos uma relação de harmonia. Respeito o meu tempo, respeito o tempo das pessoas e respeito o tempo pelo próprio conceito de tempo. Esta cadeia respeitosa permitiu ao Instituto Deândhela um lugar de muito destaque, respeitado pela concorrência, admirado pelos clientes e valorizado por grandes especialistas em gestão do setor de T&D, *treinamento e desenvolvimento.*

Antes de produzir e manter atualizada a agenda, o primeiro passo é definir os papéis que você exerce na vida. Por exemplo:

Pai / Mãe – defina dias e horários especiais para estar com eles. Não faça como os filhos que sequer percebem o avanço do tempo e um dia descobrem que eles partiram;

Marido / Esposa – depois desta obra, tenho certeza que vai sobrar tempo em sua vida. Reserve algum para viagens, noites especiais, lazer generalizado e momentos de romantismo em geral que não podem faltar em uma relação. A falta de tempo é uma das maiores causas de separação. A maior parte dos casais não sabe como usá-lo e acaba vivendo da rotina, o que não é o seu caso, porque agora você sabe muito bem como ter mais tempo;

Filho (a) – a educação dos seus pequenos requer tempo. Ao definir a porcentagem de tempo que dedicará à família, dê seu jeito de encontrar tempo para vê-los crescer;

Empresário (a) – muitos contam com você e isso gera a necessidade de estar saudável, com vigor para comandar a empresa, zelar pelas famílias que você indiretamente ajuda e conduzir seu negócio aos degraus do sucesso;

Funcionário (a) – acordar, pegar trânsito, escutar o chefe a buzinar o que você considera a mesma coisa todos os dias. A cada dia isso faz parte da evolução, porque a maioria dos grandes empreendedores um dia trabalharam para alguém. Organize-se em tempo e agenda para ser destaque constante da empresa e, se fizer desta forma, dois resultados o esperam: 1) será promovido uma vez após a outra ou 2) em breve estabelecerá o próprio negócio;

Social – a agenda estratégica de uma pessoa que pretende ser melhor em todas as áreas precisa de uma brecha para o convívio e a colaboração com o lugar onde você vive. Por exemplo: a comunidade religiosa que você frequenta, associações de negócios e trabalhos altruístas;

Íntimo – cuide-se. Faça exercícios físicos, verificações de rotina para investigar como anda sua saúde, pratique a leitura constante e nunca, repito, **nunca** pare de pesquisar, porque no Brasil ou nos países que conheci, ainda não testemunhei um case de sucesso preguiçoso.

Organizar sua vida com base nos vários papéis que nela exerce ajuda a manter o foco no que realmente importa para você e facilita a qualidade de vida como um todo.

Proponho um último, porém importantíssimo exercício:

Escreva seus papéis que podem ser os listados e outros que façam parte de sua rotina. À frente de cada papel, coloque o tempo diário, semanal ou mensal (dependendo do papel) que dedicará a cada um deles e uma nota sincera que pode se dar pela excelência que tem aplicado nestas áreas, considerando 0 a pior e 10 a melhor nota.

Para finalizar, anote cada atividade que possa trazer resultado na agenda e certifique-se de que cada papel está contemplado.

Profissionais liberais e autônomos, pela liberdade que sua condição faculta, são tentados à desorganização todos os dias. Há também profissionais que atuam em regime CLT e praticam Marketing Multinível, o chamado MMN. Aliás, há muitos casos de pessoas que foram demitidas porque faziam MMN dentro das organizações que lhes empregava de maneira fixa. Uma vez desempregados, muitos destes também não conseguiram prosperidade trabalhando com MMN porque "se sentiram patrões" cedo demais e vacilaram, permitindo que a desorganização do tempo lhes fizesse refém.

Prestem atenção para não deixar os seus compromissos ao acaso. Outros perfis de profissionais acumulam funções e atividades paralelas. E precisam zelar por uma agenda efetiva e bem cumprida, sob a pena de não fazer bem nenhuma das funções.

Eu, por exemplo, atuo como palestrante, professora, treinadora, conferencista corporativa, *coach* e assumo todas estas funções com organização reta. Minha agenda é separada por cores correlacionadas que me ajudam a apenas passar os olhos e saber, sem sequer ler, o tipo de compromisso que tenho.

E se você acha que nasci organizada e por isso é bem mais fácil, assumo que, sem controle, tenho uma tendência à desorganização. Uso técnicas, vigilância, disciplina e muito estudo sobre a gestão do tempo para que a produtividade seja algo real em minha vida. Luto diariamente para ser quem sou hoje e luto feliz, pois tenho claro aonde quero chegar. Estou ainda mais feliz porque sei que agora você também vai conseguir isso.

O segredo maior é impor uma rotina à disciplina de gestão do tempo, porque, ao cancelar eventos que você criou para se organizar, a bagunça está feita e os resultados, comprometidos. Uma lição importante:

> ***A flexibilidade na agenda deve ser exceção e não uma regra. Cancelar compromissos íntimos porque surgiu um bom e pontual negócio é compreensível, mas todo dia é desordem.***

Na composição da agenda, deixe pequenas brechas de tempo para as margens de erro. Programar o dia de atividades colocando-as uma sobre a outra é homicídio de tempo. Por exemplo:

Você tem uma reunião às 9h com previsão de uma hora? Não marque a próxima reunião às 10h, mas às 10h20min.

Estruturar um compromisso em cima do outro é perigoso porque, se um atrasa, você vai atrasar todo o restante da agenda diária. Você precisa ir ao banheiro, tomar um café, respirar e revigorar as energias para o próximo compromisso. Outra vantagem de deixar estas margens é que pode usá-las para cobrir possíveis atrasos, principalmente para quem mora nas grandes metrópoles sujeitas a trânsito. E se os compromissos em horário de trânsito intenso não podem ser evitados, este tempo deve ser aproveitado, porque muitos livros já estão disponíveis em áudio.

Algumas profissões dependem muito de possibilidades. O corretor imobiliário é um destes exemplos, porque marca com o cliente e precisa esperar pacientemente por ele. Dependendo da quantidade de imprevistos que possam surgir na vida destes profissionais, sugiro que não agendem 8 horas diárias e sim 4 horas. É necessária muita atenção sobre *o que fazer* do excedente:

Caso consigam cumprir as 4 horas marcadas, os profissionais não podem deixar o restante do dia ocioso, perdido entre redes sociais ou banalidades de qualquer sorte. Neste caso, devem usar as 4 horas que sobraram para antecipar a agenda do dia seguinte.

Agora, escrevendo para você que tem agenda relativamente mais fixa e pode organizar os compromissos com menor risco de atrasos, deixo uma dica relevante. Tenha em mente que você não é onipresente. É humanamente impossível honrar 30 compromissos por dia, porque as 24 horas são para todos e, ainda que consiga cumprir boa parte, é possível que alguns sejam entregues de qualquer jeito, com o desleixo que o seu futuro próspero não vai permitir.

Tenha cuidado também com os compromissos íntimos. Se **você** os definiu como tão importantes quanto a geração de novos negócios, cumpra-os.

— Há semanas tenho marcado a academia na agenda, mas cancelo todos os dias porque não está sobrando tempo. Assim que sobrar, eu vou.

Já escutei esta alegação de meus alunos e a resposta é única.

— Você está se enganando e, desta maneira, nunca haverá tempo. Organize-se e respeite o compromisso que estabeleceu como um presente para a sua saúde. Inicialmente, você precisa investir mais energia até se torne um hábito. Ao se acostumar com a nova rotina, ela será muito mais leve. E repeti-la por 21 dias consecutivos é uma estratégia fundamental. Eu te desafio a fazer um mês redondo de academia e só então dará continuidade com mais entusiasmo.

Sua agenda vai funcionar e gerar o tempo útil desde que a considere de forma macro, com olhos voltados para compromissos fixos anuais mais importantes, depois mensais, semanais, diários, até partir, em análise afunilada, para os compromissos eventuais.

Em um dia, agendar visita a clientes, administrar campanha de ativação para novos clientes, fazer reuniões administrativas e tomar café com fornecedores deixará sua agenda no sentido de *barata tonta* e, neste caso, o tempo não vai trabalhar para você. Vai te fazer refém, porque obrigatoriamente precisará correr o dia todo para lá e para cá. Pior que isso, não atenderá nenhum compromisso com sublimidade.

Concentre blocos de tarefa. Em nosso instituto, investimos um dia para cada concentração de ações. Por exemplo:

O bloco de hoje que colocarei em meu edifício da prosperidade será destinado a receber clientes. O bloco de amanhã será colocado para fazer o exercício ativo de atrair novos clientes. Depois de amanhã, o bloco do edifício será representado pelas reuniões externas e assim por diante. A tentativa de conciliar compromissos de natureza distinta gera problemas na administração do tempo.

Faça este exercício por um ano inteiro e me conte o resultado. Funciona para mim. Funciona para os meus alunos e *coachees*. Vai funcionar para você.

Confesso que gostaria de ir além e escrever um pouco mais, porque ainda tenho muito a dividir. Entretanto, vou finalizar a obra em respeito ao recurso que mais valorizo nesta vida: o seu tempo. Por hora, eu dei conteúdo para você mudar completamente a sua vida. Em breve, vou entregar mais um livro para você, uma espécie de módulo avançado para que possa encontrar resultados ainda mais positivos aos que já terá obtido.

Vou assumir um compromisso pós-leitura com você. Digamos que tenha se interessado por realizar um treinamento com o Instituto Deândhela. Envie-me um e-mail, dê um feedback sobre o que e como a sua vida mudou depois que leu esta obra e, desde já, você tem 10% de desconto assegurado para estudar conosco em busca de resultados para a sua vida pessoal e profissional.

Vou deixar uma mensagem de despedida e o meu contato, porque quero me comunicar com as pessoas que aprenderam algo a partir deste livro.

Faça o tempo trabalhar para você. Tenho certeza que ele, enquanto seu colaborador, terá o mesmo carinho que eu tive, como autora, enquanto escrevia, colaborava e trabalhava para você.

contato@institutodeandhela.com.br
www.institutodeandhela.com.br